자아실현을 위한 꿈의 무대
어쨌거나, 직장

자아실현을 위한 꿈의 무대

어쨌거나, 직장

송동근 지음

다상출판

차례

프롤로그 · 6

STEP 1   직장이란 이런 곳 · 9

직장인의 자세 ·12 | 학교는 배움터, 직장은 전쟁터 ·15 | 회사의 존재 이유, 너와 나의 성장을 위해! ·21 | 나와 동료, 우리는 하나다 ·25

STEP 2   매혹적인 근무 태도로 회사를 사로잡는다 · 35

직장 생활에서 가장 중요한 것, 태도 ·38 | 상황에 따라 성격의 얼굴을 바꿔라 ·54 | 경제관념, 되도록 빨리 익혀라 ·62 | 메모는 나의 힘 ·69 | 상대의 안부를 묻는 여유를 가져라 ·75 | 가끔은 당돌하게 존재감을 드러내라 ·77 | 잡무는 절대 잡스럽지 않다 ·83

STEP 3   10년 차 직장 선배도 무릎 꿇는 커뮤니케이션 능력 · 89

사람 사귀는 것, 능력보다 노력이다 ·92 | Accountability! 책임지고 설명하라 ·102 | 말해야 할 때와 침묵이 필요한 순간 ·110 | 이메일, 문자 메시지, 메신저 그리고 SNS ·121 | 21세기 기업이 원하는 인재의 요건 ·126

STEP 4   모든 이를 내 편으로 만드는 매혹적인 인간관계술 · 129

인간관계에 포석을 깔아라 ·132 | 부탁과 거절, 요령껏 하라 ·138 | 과한 요구를 끊어내는 한 마디 "NO!" ·145 | 또래끼리만 어울리면 우물 안 개구리 된다 ·149 | 동료와는 업무로 친해져라 ·156

STEP 5 상사를 내조하는 특별한 1퍼센트 · 161

신입 사원의 가장 큰 '고객', 상사 ·164 | 감동은 초반에, 중간 보고는 반드시·172 | 상사와의 관계, 제대로 포지셔닝하라·180 | 상사와의 의견 충돌 시 그의 눈으로 업무를 보라·187

STEP 6 될 성부른 나무는 떡잎부터 – 신입 사원 때부터 키워야 할 경영 마인드 ·193

일의 본질은 무엇인가?·196 | '열심히'보다 전략! – 전략 마인드·202 | 우리 회사의 '생명줄'은 무엇인가·208 | 모든 게 계획이고 스케줄이다·215 | 번뜩이는 아이디어맨이 되어라·222 | 나는 '1인 기업가'다·227

STEP 7 수신제가 치국평천하 – 미래 리더로서의 자기 관리 ·233

우리 회사가 나에게 최선인 이유·236 | 나를 변화시키는 하루 30분·241 | Let's not talk shop! – 스트레스를 관리하라·248 | 주머니를 철저히 관리하라·253 | 회식 자리, 냉정과 열정 사이에서·258 | 직장 생활의 위기, 어떻게 극복할 것인가·263 | 언제나 가족이 최우선·266

에필로그 · 269

프롤로그

"회사에 오래 다닐 수 있을지 모르겠어요!"

최근 사회 초년생이 된 조카딸에게 회사 생활이 어떠냐고 물었더니 돌아온 푸념이다. 얼마 전까지만 해도 꿈에도 그리던 회사에 입사했다며 좋아했는데 지금은 두 눈에 눈물이 그렁그렁하다. 어릴 때부터 자식처럼 애틋하게 챙겨온 조카딸의 힘들어하는 모습을 보니 마음이 복잡해진다.

조카딸의 모습은 교육 현장에서 만난 여느 젊은이들과 다르지 않다. 취업 준비를 할 때는 회사에 입사만 하면 가슴속에 베토벤의 '영웅 교향곡'이 울려 퍼지면서 인생이 일사천리로 쭉쭉 뻗어나갈 것 같지만 막상 직장 생활을 시작하면 차이콥스키의 '우울한 세레나데'가 끝없이 연주될 수도 있다. 마치 고등학교 3학년 때, 대학에 들어가기만 하면 모든 고민이 눈 녹듯 사라질 것이라고 기대를 하지만 또 다른 고민이 생겨나듯이…

출근한 지 얼마 되지도 않아 꿈이며 미래는 첫 맥주잔의 거품처럼 아스라이 사라져 버리고, 하루하루를 만신창이가 되어 살아가고 있는 젊은이들이 수없이 많다. 하지만 너는 절대 그런 삶을 살아서는 안 된다.

신입 사원이 되어 사회에 첫발을 내디딘다는 것은 가슴속에 품어온 꿈을 실현하기 위한 중요한 순간이다. 따라서 신입 사원으로서 첫 스타트 라인에 섰다면 어떻게 직장 생활을 꾸려갈 것인지에 대한 마음의 준비가 필요하다.

　직장이라는 공간에서 자신의 꿈을 실현하기 위해 노력한 사람과 어영부영 보낸 사람 간에는 시간이 지날수록 극명한 차이가 난다. 직장을 그저 돈벌이를 위한 수단으로 인식하는 사람은 직장 생활이 즐겁지 않다. 이런 부류의 사람들은 그저 월급명세서의 숫자에만 관심을 갖기 때문에 도태되는 것도 시간문제다. 그러나 직장을 자신의 오랜 꿈을 실현하기 위한 무대라고 생각하는 사람은 지속적인 성장이 가능하다.

　나는 이 책에 30여 년에 가까운 직장 생활의 경험을 모두 피력했다. 여덟 곳에서 경험한 나의 직장 생활과 한 차례의 사업 경험, 그리고 5년여의 대학 강단 생활과 대학생들을 멘토링한 경험을 고스란히 담았다.

　이 책은 힘든 시기를 보내는 사회생활 새내기들에게 포커스를 맞췄다. 학교와 직장의 차이부터 직장인으로서의 자세, 커뮤니케이션 능력, 자기관리법 등 성공적인 직장 생활을 위한 핵심 비법을 소개했다.

　이 글이 직장 생활로 힘들어하는 사랑하는 내 조카를 비롯해 이 땅의 수많은 젊은 직장인들에게 도움이 되기를 바란다.

2015년 1월, 서재에서
송동근

태산은 한 줌의 흙도 소중히 했기 때문에 태산이 되었고,
장강은 한 방울의 이슬도 놓치지 않았기 때문에 장강이 되었다.
― 사마천

STEP 1

직장이란 이런 곳

시작하라
그 자체가 천재성이고 힘이며 마력이다.

- 요한 볼프강 폰 괴테

세상에서
가장 강한 자는 홀로 선 자다.

– 헨리크 입센

직장인의 자세
● ● ●

　우선 입사에 성공한 너에게 큰 박수를 보내고 싶다. 바늘구멍만큼이나 들어가기 어렵다는 직장에 취업한 네가 정말이지 자랑스럽다. 그간 네가 고생하며 흘린 땀방울은 격려받아 마땅하다.
　지금부터 어떤 자세로 직장 생활을 해야 좋을지 차근차근 일러주려고 한다. 가장 먼저 해주고 싶은 말은 직장이란 곳의 특성에 대해서다.
　아무리 취업 준비를 열심히 했다 하더라도 직장에 들어오면 업무 수행 '방법'을 먼저 배워야 한다. 업무 수행 방법이란 무얼 말하는 것일까? 회사가 취급하는 상품이며 서비스, 고객과의 관계, 그것을 지원해주는 후선 기능, 그리고 거기서 비롯되는 각종 업무를 말한다. 그러나 이들 업무는 학교에서 배워본 적이 없는 내용들이다. 이런 일은 크게 어렵지는 않지만 그렇다고 가볍게 볼 일도 아니다.
　직장 업무를 크게 나눠보면 일상적으로 하는 '기계적 일'과 동료들과 팀을 이루어 하는 '새로운 상품을 만들어내는 일'이 있다. 신입 사원 때는 거의 기계적인 일이 주어진다. 새내기들에게 맡겨지는 업무의 대부분은 반나절이면 전임자로부터 인수인계가 가능한 단순하고 쉬운 것들이다.

이런 단순한 업무가 주어지면 스펙이 좋은 신입 사원들은 당황하게 마련이다. 이들은 대부분 대학교를 졸업하고, 심지어 석사나 박사 또는 전공 분야의 자격증까지 가진 사람들이기 때문이다. 학교에서 익힌 전공 지식은 신입 사원 때는 발휘할 기회가 거의 없다고 봐도 무방하다. 신입 사원뿐 아니라 대리, 과장, 팀장 심지어 임원이 되어서도 그리 효용 가치가 높지 않을 수 있다. 이런 사실을 알지 못한 채 입사했다가 사소한 서류 정리 같은 일이 맡겨지면 직장 생활에 회의가 올 수도 있다.

'겨우 이런 일이나 하자고 여태껏 그런 고생을 했단 말인가?'라고.

초보 직장인들이 어렵게 입사한 직장을 포기하고 새로운 일을 찾는 것도 그런 이유에서다.

나는 몇몇 외국계 기업에서 일한 경험이 있다. 내가 다녔던 한 외국계 투자은행에는 그 나라의 일류 대학교를 졸업한 인재도 많았지만 고등학교를 졸업한 후 1년 남짓한 직업 교육 과정을 마친 사람도 꽤 많았다. 허드렛일을 하는 말단 직원이 아니라 CEO가 그랬고, 임원들 중에도 있었다.

웬만한 회사 업무는 굳이 명문대학교 졸업장이나 석박사 학위가 없어도 가능하다는 의미다. 그러니 명문대를 졸업하고 학점이 좋은, 소위 스펙 좋은 사람이 성공적인 직장 생활을 하는 것은 아니다.

학창 시절 쌓아온 지식이며 기능적인 부분들은 실제 업무 수행과는 동떨어져 있으므로, 대개의 경우 직장에서 업무를 익히면서 일을 하게 된다.

직장에서 경력 사원을 우대하는 것도 자격증 아닌 실전 경험이 현장에서 더 유용하기 때문이다.

따라서 직장 생활을 잘하고 싶다면 회사에서 부여받는 업무를 성실히 수행하겠다는 마음을 갖는 것이 필요하다. 미스 김(KBS 드라마 〈직장의 신〉의 주인공)이 커피 타는 기술로 자신의 존재감을 드러냈던 것처럼.

자신이 맡은 일은 그것이 무엇이든 최선을 다하겠다는 마음으로 행해야 한다. 그런 마음을 갖게 되면 기분 좋은 상태가 유지된다. 이때 주변 환경이 주는 작고 사소한 일들을 긍정적으로 수용한다면 매일 찾아오는 기회를 네 것으로 만들 수 있다.

학교는 배움터,
직장은 전쟁터

● ● ●

　학교를 갓 졸업하고 취업한 너의 눈에 비친 직장은 '별세계'처럼 보일 것이다. 학교라는 곳이 가진 자율성, 사람에게 팍팍하지 않은 온기를 직장에서는 찾기가 어렵다. 직장 생활에 적응하기 위해서는 학교란 조직에 길들여진 너의 체질을 한시바삐 바꿔야 한다.

　학교와 직장이 무엇이 다르냐고? 학교는 근본적으로 학문을 탐구하는 곳이지만 직장은 이윤을 추구하는 목적을 가진 집단이다. 목적 자체가 다르다는 걸 알아야 한다. 학교와 직장에는 서로 두드러지게 차이 나는 세 가지 요소가 있다. 이는 스승, 학부형, 고객이다. 뻔하다고 생각할지 모르지만, 왜 이 세 가지를 꼽았는지 찬찬히 생각해보기 바란다.

학교에는 있고 직장에는 없는 것 1 – 스승

　학교에는 선생님이 있지만 직장에는 없다. 직장에서는 아무도 너에게 친절하게 업무를 가르쳐주지도 않고, 네가 업무를 완벽하게 익힐 수 있도록 끈기 있게 기다려주지도 않는다. 신입 사원으로 입사하면 기본적인 업무 숙지와 함께 약간의 숙련 기간이 허락되지만, 그 이후부터는 곧장 실전이다. 앞서 직장에서 업무를 배우라고 했는데, 누구에게 배워야 할까? 직장에서 너를 가르치는 건 실전이고, 참가 당사자는 너 자신이다. 실전에 적응해가면서 너 스스로 실무를 익혀야 한다.

나는 회사에서 10년 정도 경력을 쌓은 직장인을 크게 두 부류로 나눈다. 첫 번째 부류는 1년 내에 업무를 익힌 뒤 이를 9년 내내 그대로 써먹는 사람이고, 두 번째 부류는 1년 내에 업무를 익힌 뒤에도 지속적으로 현장 경험을 쌓으면서 자신만의 노하우를 축적하는 사람이다. 두 번째 부류는 자신이 몸담고 있는 업계에서 고수의 반열에 오르기 위해 정해진 업무 매뉴얼을 스스로 개선하기도 하고, 다른 회사의 사례 가운데 좋은 아이디어를 취해 자신의 업무에 적용하기도 한다.

앞에 언급한 두 부류 중 어느 쪽이 회사 생활을 더 잘한다고 봐야 할까? 당연히 후자라는 건 너도 잘 알 것이다. 이렇듯 직장에서의 업무 능력은 각각의 개인이 주도적으로 향상시켜야 한다. 그러기 위해서는 새로운 시스템을 만들기도 하고, 불필요한 업무는 폐지하거나 개선할 필요도 있다. 그렇게 한다면 10년 후 너는 회사에서 가장 아끼는 리더가 되어 있을 것이고, 너희 회사도 너와 함께 크게 성장해 있을 것이다.

회사에 입사했다고 해서 직장 생활에 안주해서는 안 된다. 시간 나는 대로 자기 계발을 해야 한다. 다른 부서 사람들이 무슨 일을 하는지 눈여겨보고, 선배들로부터 일에 대한 요령을 배우는 것도 필요하다. 그리고 눈을 크게 뜨고 회사 전체의 업무가 어떻게 돌아가는지 찾아다니면서 배우도록 해라.

직장은 각자 자신이 맡은 일을 해내기에도 바쁜 곳이다. 배우고 싶으면 눈치껏 배워야 한다. 리더십의 대가인 한근태 교수는 이런 말을 했다.

"리더십은 가르칠 수는 없어도 배울 수는 있다."

회사 일 역시 '가르쳐주지 않아도 배울 수는 있다'라는 말로 요약된다.

자신이 맡은 업무를 익히기 위해서는 스스로 노력해야 한다는 뜻이다. '우리 회사는 직원 교육을 매우 중요시합니다'라고 홍보하는 세계적인 기업들 역시 불황이 오면 가장 먼저 줄이는 게 직원 교육 비용이다. 회사가 직원을 위해 교육한다는 것은 그야말로 회사가 '살아갈 때'뿐이다.

그러니 성장하고 싶다면 스스로 노력하며 생존 경쟁에서 살아남아야 한다. 오직 그것만이 너와 다른 사람의 차이를 가져다줄 것이다.

학교에는 있고 직장에는 없는 것 2 – 학부형

어느 직장에서 있었던 일이다. 입사한 지 얼마 되지 않는 신입 사원이 아무 말 없이 결근을 했다. 동료들이 텅 빈 책상을 보며 걱정하고 있을 때, 나이 지긋한 한 여성이 회사를 방문했다. 그의 손에는 신입 사원의 사직서가 들려 있었다. 그 여성은 신입 사원의 어머니였다.

이런 일도 있었다. 당시 나는 한 회사의 임원으로 있었는데, 지인으로부터 사원 A에 대한 업무를 조정해달라는 요청을 받았다. 그 지인은 사원 A의 부모와 아는 사이로, A의 부모로부터 업무 조정 요구를 받았다면서 나에게 전달한 것이다. 이후에도 또다시 사원 A의 업무를 조정해달라거나 인사발령 압박 등을 지속적으로 받아 매우 힘들었다.

또, 내가 아는 한 지인은 신입 사원이 사소한 실수를 해 꾸짖은 적이 있는데, 다음 날 그 사원의 어머니가 '우리 아이를 잘 부탁드립니다'라는 메모와 함께 자신의 집으로 선물 꾸러미를 보내왔다며 황당해했다.

어처구니없는 일들이지만 모든 것은 실화다. 신입 사원들로서는 사회생활이 무엇인지, 직장이 어떤 곳인지 이해하지 못해 벌어진 일이고, 이들의 부모는 그런 자녀를 과잉보호한 탓에 일어난 해프닝이다.

너의 사소한 직장 문제에 부모님이 발 벗고 나서게 해서는 안 된다. 낳고 키워주고 일정 수준의 학업을 마치게 한 것만으로도 부모님은 역할을 다한 셈이다. 이후의 삶은 네 스스로가 헤쳐나가도록 해야 한다.

이런 나약한 젊은이들은 부모의 과잉보호가 싫다면서도 한편으로는 부모의 보호 속에서 안락함을 누리겠다는 심보가 깔려 있다. 그래서인지 배울 만큼 배웠는데도 불구하고 사회적으로는 여전히 미성숙한 인재들이 가끔 눈에 띈다.

내가 부모의 도움으로부터 벗어나야 한다는 이유는 한 번 부모에게 기대어 문제 혹은 불편함을 해결한 사람은 다음번 문제에 부딪혔을 때에도 독립적으로 해결할 수 없기 때문이다. 이들에게는 스스로 해결할 수 있는 정신적 강인함이나 요령이 부족하니 지속적으로 부모에게 의지하는 것이다. 이런 일이 반복되면 결국 부모가 세상을 떠날 때까지 부모에게 의지하며 살아가게 된다.

사회라는 곳은 냉혹하기 때문에 미성숙한 사람과 함께 하는 걸 거부한다. 직장에서의 왕은 고객이지, 미성숙한 직원이 아니기 때문이다.

사회생활을 시작한 이상 너의 일신상의 문제는 스스로가 책임져야 한다. 너를 대신할 사람도, 너의 억울함을 해명해줄 사람도 없다. 너의 보호자는 너 자신이며, 사회생활의 책임은 전적으로 네가 져야 한다. 오직 너 자신뿐이다.

만약 회사에서 사회적·법적으로 명백한 부당 행위를 당했다 하더라도 먼저 네 스스로 해결 의지를 보여야 한다. 가끔은 당돌하게 몰아붙여도 좋다. 네가 약한 모습을 보이면 상대가 함부로 대할 수 있기 때문이다. 부모로부터 완전한 독립이 이루어지는 곳이 직장임을 명심했으면 한다.

학교에는 없고 직장에는 있는 것 3 - 고객

직장과 학교의 또 다른 차이는 직장에는 고객이 있지만 학교에는 고객이 없다는 사실이다. 회사는 영리를 추구하는 단체다. 따라서 네가 직접 고객을 만나지 못한다 하더라도 어디엔가 네 고객이 있다는 사실을 숙지해야 한다. 여기서 말하는 고객이란 네가 속한 회사에서 생산하는 상품이나 서비스를 구매하는 소비자이기도 하고, 경우에 따라서는 회사의 주식을 보유한 주주들일 수도 있다.

회사 덕분에 그들은 상품(고객이 소비자일 때) 또는 배당 수익(고객이 주주일 때)을 얻는 것이고, 그들 덕분에 너희 회사가 존속하는 것은 물론 많은 직원을 고용하는 것이다.

그들이 지불하는 돈으로 너희 회사가 운영되고, 직원들이 생계를 유지하며, 세금도 낸다. 회사는 주주들에게 수익금을 배당하고 여유가 되면 사회적 책임을 수행하기도 한다. 즉 회사와 고객은 공생共生하는 관계다. 만약 너희 회사가 공익 재단 같은 비영리 단체라 하더라도 누군가를 위해 일한다는 점에서는 개념에 차이가 없다.

회사에 출근할 때는 회사의 모든 업무가 고객을 위해 이루어진다는 사실을 염두에 두어야 한다. '나는 이 회사에 취직을 했다'가 아니라 '고객을 위해 여기에 왔다'라고 생각해야 한다. 입사하기 전에는 네가 이런 각오로 일해야 한다는 사실을 미처 생각하지 못했을 것이다. 직장에서는 네가 다니는 회사의 고객을 얼마나 만족시킬 수 있는지가 업무의 관건이다.

따라서 성공적인 직장 생활을 해내기 위해서는 너희 회사의 고객이 어떤 사람들인지 알아야 한다. 고객이 원하는 것, 고객에게 필요한 것을 잘 읽고 변화에 대처해야 한다. 성적이 학교가 요구하는 답이라면 회사가 요구하는 답은 고객이다.

회사의 존재 이유,
너와 나의 성장을 위해!

...

　　직장과 학교의 차이를 설명하다 보니 네 머릿속에 직장이 다소 '차가운 곳'으로 자리 잡힐 수도 있을 것 같구나. 물론 직장은 학교보다는 덜 따뜻하다. 그럴 수밖에 없다.

　　회사는 생산성을 최우선으로 하는 집단이기 때문이다. 앞서 언급했던 것처럼 회사에는 고객이 있고, 고객은 상품을 구매하는 소비자다. 상품과 서비스의 가치를 최고로 높이는 것, 이것이 바로 기업의 생산성이다.

　　회사는 매월, 매분기, 매년 달성해야 할 목표가 있다. 이 목표를 달성한다는 것은 만만치 않다. 기업마다 목표를 높게 설정하는 것이 일반적이다. 이를테면 '작년 매출이 1천2백억 원이었으니 올해는 1천4백억 원이 목표'가 아니라, '작년에는 국내 업계 순위 7위였으니 올해는 국내 업계 최고가 되자'라는 식이다.

　　기업이 매출 목표를 높게 설정하는 이유는 단순하다. 목표를 높게 설정할수록 실제로 이뤄내는 성과가 높아지기 때문이다. 매출 목표가 낮으면 개개인의 노력 역시 그만큼 줄어들게 된다.

어떻든 회사의 매출 목표가 높으면 직장인들로서는 부담스러운 일이다. 요행히 목표를 달성하더라도 경쟁사와의 성장치를 비교해보면 성적이 초라해 보일 수도 있고, 다음 해의 매출 목표가 훌쩍 높아지기 때문에 더 과중한 압박에 시달릴 수도 있다. 현재 매출이 기대치에 근접했다고 해서 방심하고, 이듬해에 안일한 계획을 세우는 기업은 그 어디에도 없다.

이는 비상 상황이 아닌 일상적인 회사의 풍경이다. 입사한 뒤 얼마 지나지 않아 사무실에 긴장된 분위기가 감도는 이유도 바로 실적에 대한 압박감 때문이다. 아마 네가 지금 힘들어하는 이유도 이런 분위기를 체득했기 때문일 것이다. 나는 "우리 회사는 너무 타이트해!"라고 불평하는 이들을 많이 보았다.

하지만 조금만 더 깊이 생각해보면 이는 당연한 일이다. 기업의 존재 목적은 생산성 향상이 최우선 과제이기 때문이다.

기업의 생산성은 생존과 직결되는 문제다. 생산성을 위해 오랫동안 일한 팀장이나 본부장, 심지어 대표이사도 언제든지 바뀔 수 있다. 회사의 체질 개선을 이유로 팀을 해체하거나 재구성하는 일은 어느 회사에서나 다반사로 일어나고 있기 때문이다. 그렇게 회사는 매번 전열을 가다듬은 뒤 시장에서 우위를 점하기 위한 전쟁을 벌인다.

직장이 학교처럼 '사람과 사람 간의 온기'를 최우선으로 강조한다면 생산성을 향상시키기 어렵다. 생산성이 향상되지 않으면 궁극적으로 네가 월급을 가져가기 힘들어진다. 생산성이 떨어진다고 당장 월급이 지급되지 않는 것은 아니나 궁극적으로 그렇다는 의미다.

우리가 직장에 다니는 이유 중 비전도 중요하지만 그 어떤 것보다 선결되어야 할 문제는 '급여'다. 급여를 받아야 우리의 생활이 안정되고, 자금이 돌아야 회사도 존재하기 때문이다. 급여가 지급되지 않는 직장에 다닐 사람은 그 누구도 없다.

이제 왜 직장이란 곳이 생산성을 최우선 과제로 삼아야 하는지 이해했을 것이다. 학교를 갓 졸업한 너와 같은 신입 사원들에게는 너무나 낯선 풍경이겠지만, 기업의 생존을 위해 필연적인 일임을 알아주었으면 한다.

사소한 개인 감정 따위는 버려라

예전에 직원들과 면담을 하다 보면 자신이 업무상 겪었던 힘든 일들을 하소연하는 소리를 자주 들었다. 마음을 털어놓으면 응어리진 감정이 풀리긴 한다. 그런 면에서 동료나 선배, 상사와 자주 대화를 할수록 좋다.

그러나 언젠가 네가 회사의 리더가 될 것을 꿈꾼다면 (이것은 당연한 꿈이다) 조금은 다른 관점으로 모든 걸 봐주길 바란다. 네가 겪는 어려움을 내색하는 것은 좋지만 지나치게 감정적인 호소는 자제해야 한다.

그 이유는 회사 생활에서의 어려움은 누구나 겪는 것이고, 네 이야기를 들어주는 그들도 다 알고 있다. 온갖 어려움을 겪으며 업무를 수행하기에 그 대가로 급여나 보너스를 받는 것이다.

"일하느라 수고했어. 힘들었지?" 너희 상사가 매번 이런 식으로 위로하거나 격려해주리라는 기대는 접어라. 회사 일은 당연히 힘들다. 그러니 '힘들다, 어렵다'는 부정적 표현은 애초에 하지 않는 게 좋다. 한 번 부정적인 감정이 자리를 잡으면 헤어나오기 힘들기 때문이다.

군이 다른 사람에게 호소하고 싶다면 감정을 배제하고 네가 '무엇' 때문에 힘든지 객관적으로 상황을 설명해라. 감정을 드러내다 보면 네가 전달하고자 하는 '정보'는 묻히고 감정만 남게 되는 것이 다반사다. 이는 상대방의 기분을 해칠 뿐 아니라 너에 대한 좋지 않은 인상을 남길 수 있다.

만약 상사나 선배가 "일하느라 수고했어. 힘들었지?"라고 하더라도 밝게 웃으며 "저는 괜찮습니다"라고 대답하는 여유를 가져보아라. 의외의 반응에 놀라면서 너에 대한 평가를 달리할 것이다.

나와 동료,
우리는 하나다

••••

전에 네가 취업 준비에 여념이 없을 때 나에게 이런 질문을 한 적이 있다.

"회사는 경험 있는 경력 사원을 뽑는 게 유리할 텐데 왜 번거롭게 신입 사원을 뽑나요?"

대개의 기업들이 거의 매년 신입 사원을 공개 채용한다. 채용 횟수는 기업마다 차이가 있지만 '신입 사원을 뽑는다'는 사실은 동일하다. 신입 사원을 채용한다는 것은 절차도 복잡하고 해야 할 일도 많다. 채용 후 이들을 교육시키는 예산도 만만치 않다. 게다가 이렇게 시간과 비용, 노력을 들여 채용한 신입 사원들이 회사에 곧바로 수익을 가져다줄까? 그렇지 않다. 회사가 원하는 직원의 모습을 갖추기까지 많은 시간이 걸린다.

반면 네 말처럼 경력 사원을 뽑으면 신입 사원 채용 시에 투자하는 시간, 비용, 노력이 크게 절감된다. 인맥을 이용해 경력 사원의 경력과 신상

등을 알아보기만 하면 된다. 물론 월급을 비롯한 경력에 맞는 대우는 해주어야 하지만 경력 사원은 잠깐의 적응 기간을 거친 후 즉각적으로 '화력'을 뿜어낸다. 바로 업무에 투입할 수 있다는 의미다. 게다가 이들은 사회인으로서 균형 감각도 갖추고 있다.

이러한 점을 감안하면 신입 사원보다는 경력 사원을 뽑는 것이 훨씬 이익이다. 그런데 왜 회사는 신입 사원을 뽑는 걸까? 모 기업 인사 담당자로부터 나는 이런 말을 들은 적이 있다.

"우리 회사 사람'이 필요해서 신입 사원을 채용하지요."

'우리 회사 사람이 필요하다'는 것은 기업 입장에서는 대단히 중요한 사항이다. 사실 경력 사원들은 최소한 한 군데 이상의 직장에서 일한 경험이 있는 사람들이다. 이들은 현재의 직장보다 더 좋은 조건을 제시하는 회사가 있다면 언제든지 이직할 준비가 되어 있다. '우리 회사 사람'이 될 가능성이 신입 사원보다 적다.

신입 사원의 패기는 10년 차 직장인도 이긴다

경력 사원의 가장 큰 문제는 '경직된 업무 스타일'이다. 은연중에 변화를 거부하고, 업무에 임할 때도 '내가 해봤는데 잘 안 되더라'는 식의 부정적 성향을 갖기 쉽다. 잘못 형성된 습관을 바꾸는 것은 백지 상태에서 새로이 가르치는 것보다 훨씬 어렵다.

어느 임원은 신입 사원을 채용하는 이유로 '젊음'과 '패기'를 꼽았다. 이는 회사가 성장하기 위해 꼭 필요한 요소다. 그 임원은 기존의 경력 사원들에게는 이런 점이 부족하기 때문에 열정적인 신입 사원을 통해 회사에 새로운 활기를 불어넣고 있다고 했다. 업무 능력은 어설프지만 열정을 가지고 좌충우돌하는 신입 사원들을 보면서 기존의 직원들은 자신의 신입 시절을 떠올리고 현재 모습을 반성하면서 활력을 찾는다고 한다. 어떤 교육을 통해서도 얻기 힘든 효과가 신입 사원 채용을 통해서 일어난다고 한다.

위와 같은 요소들이 경력 사원의 많은 장점에도 불구하고 회사에서 신입 사원을 병행하여 뽑는 이유다. 신입 사원을 뽑아 회사에 꼭 맞는 인재로 키워내고 싶은 것이다. 그러나 안타깝게도 입사 초기에 팔팔했던 신입 사원들이 시간이 지나면서 기존 직원들과 똑같이 매너리즘에 빠진다.

입사 2년 차 시절, 우리 부서를 담당하던 임원이 내게 이런 말을 한 적이 있다.

"신입 사원 면접 때 똘똘했던 모습이 눈에 띄어서 뽑았는데 입사한 지 1년 만에 많이 달라졌다. 우리 회사에 들어온 뒤 무뎌졌어."

나는 이 말을 듣고 정신이 번쩍 들어 초심을 회복하기 위해 노력했다. 갓 입사할 당시의 패기, 포부를 지속적으로 유지하기란 힘들지만, 초심을 잃지 말아야 성공적인 직장 생활을 해낼 수 있다.

회사는 신입 사원을 통해 활력을 얻고, 기존 직원들은 그런 신입 사원을 보며 자극을 받는다. 네가 너 자신의 '존재 의미'를 깨닫는다면 누구보다 사랑받는 구성원이 될 수 있다.

회사에서 봤을 때 너는 '신선한 바람'이다. 활달하게 행동하고 큰 소리로 밝게 인사해라. 업무에 임할 때는 결과를 예상하지 말고 가끔은 저돌적으로 임해라. 설혹 그 업무가 실패로 끝난다 하더라도 회사가 기대하는 네 몫은 충분히 해낸 것이다.

'팀'이 먼저다

회사에 다니기 힘들다는 너에게 회사의 특징부터 설명하는 나를 고루하다고 생각할지도 모르겠다. 하지만 이는 네 마음의 짐을 덜기 위해서라도 반드시 알아야 할 내용이다. 지금 네 머릿속에 떠오른 '그때 그 사람(상사 혹은 선배)은 왜 나에게 그랬을까?' 하는 의문과 고통이 상당 부분 회사가 가진 특징으로 인해 발생한다는 사실을 이해했을 것이다. 회사 조직의 특성, 상사와 선배의 '존재 이유'에 대해 이해했다면 너의 무거운 머리가 조금은 가벼워졌을 것이다.

이제 나는 직장의 마지막 특징으로 팀에 대한 이야기를 하려고 한다. 개인 플레이를 해도 아무런 상관이 없는 학교와 달리 회사는 팀 위주로 움직인다. 이 또한 갓 입사한 네게 낯선 풍경일 수도 있지만 차근차근 풀어나가 보자.

나쁜 직장인 1위, 자신만 생각하는 이기주의자

모 신문사의 조사 결과에 의하면 나쁜 직장인 1위가 바로 '자신만 생각하는 직장인'이었다고 한다. 회사라는 조직체는 한 개인이 능력을 발휘하는 것보다 팀이 힘을 발휘하는 것을 더 원한다.

앞서 설명했듯 회사는 생산성, 즉 영리를 추구하는 조직이다. 개개인도 물론 능력이 있어야 하지만 조직이 제 역할을 할 때 커다란 시너지 효과를 내는 특성이 있다. 그래서 회사 입장에서는 한 명의 우수한 직원보다 팀워크가 좋은 팀을 원한다.

사실 한 명의 '스타플레이어'에 의지하는 팀은 위태롭다. 그가 회사를 떠나면 그 일을 대신할 사람이 없기 때문이다. 독불장군식 스타 직원은 앞에서는 환영받을지 몰라도 뒤에서는 전혀 그렇지 않다.

안철수 국회의원 역시 경영에서 물러날 때 퇴임사에서 "(회사의 경우처럼) 사람들이 모여서 일을 하는 이유는 한 사람이 할 수 없는 크고 의미 있는 일을 이루기 위해서 여럿이 모여 함께 만들어가는 것이다"라고 했다. 그래서 회사에서는 팀워크를 중시한다.

일을 하다 보면 팀원끼리 경쟁이 일어나는 것은 피할 수 없다. 하지만 그런 일은 선의의 경쟁으로 끝나야 한다. 만약 팀 동료가 팀장으로부터 칭찬받았을 때, '그의 실력은 여러모로 나보다 부족한데도 불구하고 그가 인정을 받는구나. 그는 나의 앞길을 가로막는 자다'라는 식으로 생각하면 곤란하다. '그가 잘했기에 우리 팀이 좋은 성적을 거둔 것이다. 나도 그처럼 팀을 위해 노력해야겠다'는 생각을 해야 한다.

사실 회사는 본부, 팀, 직원 간의 경쟁을 은연중에 독려한다. 그만큼 손쉬운 동기부여가 없기 때문이다. 그런 상황에 몰렸을 경우 너는 네가 속한 팀을 위해 경쟁을 치러야 한다. 그래야 모두가 윈윈하는 결과를 얻을 수 있다.

한 사람의 팀원으로서 가장 힘든 것은 나와는 다른 개성의 소유자들과 어울리는 것이다. 그들은 나이, 성별, 출신 지역, 출신 학교 및 전공, 성격 등 공통점을 찾기가 매우 힘들다. 이렇게 다양한 개성을 지닌 사람들과 어울려 일하는 것이 부담될 수 있다. 하지만 상대와 내가 다를 수밖에 없음을 인정하고 존중한다면 신선함을 느낄 수 있다. 같은 스타일의 사람이 여럿 모일 때보다 서로 다른 색깔을 지닌 사람이 여럿 모일 때 그 성과는 훨씬 더 크고 다양하게 나타난다.

내 공로도 팀의 공로로 돌려라

직장인 A와 B가 각각 자신의 직장 생활과 관련된 노하우를 책으로 펴냈다. 두 권 모두 평이 좋았고, 주위의 찬사도 자자했다. 그런데 A는 책을 낼 수 있었던 것은 회사의 배려 덕분이라며 출판사로부터 받은 인세를 직원들의 복지에 써달라며 회사에 전액 기부했다. 이후 A는 회사 간부 및 동료들에게 많은 칭찬을 받았고, 인사고과도 후하게 받았다.

반면 B는 A와 다른 생각을 했기 때문에 인세를 회사에 기부하지 않았다. 시간이 갈수록 회사 동료들은 그를 자신만 생각하는 이기적인 직원으로 보기 시작했다. 원고를 집필하는 동안 업무를 소홀히 했을 거라며 곳곳에서 수군거렸다. 결과적으로 책의 출간은 회사가 B를 평가하는 데 마이너스로 작용했다.

자, 네 생각은 어떠냐? A와 B 중 어느 쪽이 더 나은 선택을 했다고 생각하느냐?

사실 두 사람 모두 대단한 일을 했다. 회사 생활을 하면서 원고를 집필한다는 것은 쉽지 않은 일이다. 그리고 책을 낼 정도면 그만큼 열정과 실력이 있다는 것을 알 수 있다. 그런데 출간 후 결과는 정반대가 되었다. 자신이 주목받는 상황에서 몸을 낮출 줄 알았던 A는 책 출간과 함께 회사로부터 인정까지 받아 두 마리 토끼를 다 잡은 셈이다.

　앞의 사례처럼 회사에서 주목받는 상황을 맞게 되더라도 자신을 낮추고 주변 동료들에게 공을 돌릴 줄 알아야 제대로 인정을 받는다.

　개중에는 자신의 능력이 뛰어나다는 생각에 팀원과 협력해 일하는 것을 꺼리는 사람도 있다. 설사 팀원들이 별로 도움이 안 된다 하더라도 같이 일하라는 지시를 받았다면 따라야 한다. 팀워크를 이루는 데 기여하는 사람은 회사로부터 좋은 평가를 받지만 팀워크에 방해되는 사람은 팀원과 회사로부터 환영받지 못한다.

　"혼자 가면 빨리 갈 수 있지만 같이 가면 멀리 갈 수 있다"는 아프리카 속담을 생각해보길 바란다.

기회는 모두가 싫어하는 곳에 있다

　그렇다면 어떻게 해야 팀에 기여할 수 있을까. 팀워크를 이루기 위해서는 팀원들의 희생정신이 필요하다. 이와 관련된 일화를 하나 소개하겠다.

　내가 금융회사에 경력 사원으로 입사한 지 몇 년 지나지 않았을 때였다. 회사에서 일정 기간 내에 고객의 자금을 유치하는 영업 캠페인을 벌이게 되었다. 직급별로 직원들에게 기본 목표액이 주어지고 지점별, 개인별, 순위별로 상을 주는 방식이었다.

　당시 나는 큰 욕심 없이 개인별 목표를 달성하는 일에 골몰했다. 그런데 때마침 고객 두 명이 엄청난 액수의 자금을 맡기겠다고 찾아왔다. 졸지에 수십억 원을 유치하고 보니 나는 회사 전체(당시 직원이 수백 명이었다)에서 5위 안에 들게 되었다. 그러다 보니 1등을 하고 싶다는 욕심이 생겨

열심히 유치 활동을 했고, 나의 실적 덕분인지 우리 지점이 전체 지점 가운데 1위로 올라섰다.

어느 날, 같이 근무하던 고참 차장이 나를 불렀다.

"자금 캠페인 열심히 해줘서 정말 고맙네. 우리 지점이 지금 1등이긴 한데 몇몇 직원들이 자기 몫을 못하고 있으니 자네 실적을 좀 쪼개주면 어떨까?"

"예?"

나는 아무런 대답을 할 수가 없었다. 전혀 생각해본 적이 없는 일이었기 때문이다. 이후 회의가 열렸고, 우리 지점 간부들은 내 실적을 쪼개어 개인별 목표를 채우지 못한 사람들에게 나눠주길 바랐지만, 끝내 나는 아무 말도 하지 않았다. 그렇게 캠페인이 종료되었고, 나는 전체 1등을 하지 못했다. 그리고 그 일은 두고두고 내 기억에 묵직한 후회로 남아 있다.

내가 하고 싶은 말은 이런 일이 발생했을 때 자신의 실적을 떼어내 팀원을 살려야 한다는 것은 아니다. 이는 옳고 그름의 문제가 아니니까. 그러나 당시 나는 나 자신만을 생각했고, 조직의 입장에 대해서는 전혀 생각하지 못했다. 바로 이 점이 두고두고 나를 괴롭히는 것이다.

팀을 위하는 일은 방금 이야기한 나의 사례처럼 중대한 일이라기보다는 사소한 일일 수 있다. 어찌 보면 귀찮은 일일 수도 있다. 이를테면 "오늘 회식하는데 누군가는 사무실에 남아 걸려오는 전화를 받고 마무리해야 하는데 누가 남을까?"라든가 "이번 주 토요일에 잠깐 나와서 IT 시스템 업그레이드하는 걸 확인해야 하는데 누가 하지?"라는 식의 썩 마음에 들지 않는 일들이다.

아무리 상사라도 한 명의 직원을 지명해 팀을 위해 희생을 치르라고 요구하는 것은 쉽지 않은 일이다. 또한 매번 깐깐하게 '왜 나만 손해를 봐야 하나?'라고 계산하는 직원에게 일을 맡기고 싶지는 않다.

이때 직원 스스로 나서서 "제가 책임지고 해보겠습니다"라고 한다면 어떨까. 그에 대한 평가는 가파른 상승 곡선을 그리지 않을까?

잊지 마라. 나는 지금 팀을 위해 너를 일방적으로 희생하라고 강조하는 것이 아니다. 회사 생활을 하면서 분명히 잘 조정해야 할 것은 너 자신에 대한 입지를 세우되 팀에 대해 고려하는 걸 잊지 말아야 한다는 것이다.

어떤 문제를 만나든 나도 살고 팀도 사는 방법을 고민해야 한다. 이를 한 번도 고민하지 않는 것과 매순간 팀을 고려해 결정하는 것은 결과에 있어서 큰 차이를 보인다. 그리고 팀은 팀을 위하는 팀원을 절대 외면하지 않는다.

사람이 맑고 깨끗하면 모든 것이 제자리로 돌아온다.
- 노자

STEP 2
매혹적인 근무 태도로 회사를 사로잡는다

인생은 많은 사람 앞에서 홀로
바이올린을 연주하면서
연주 실력을 연마해가는 것과 같다.

- 새뮤얼 버틀러

진정한 변화란
단순히 과거의 습관을 버리는 것이 아니라
과거의 잘못된 습관 대신
새로운 습관을 익히는 것이다.

- 켄 블랜차드

직장 생활에서
가장 중요한 것, 태도

● ● ●

　STEP 1을 통해 회사라는 조직과 신입 사원의 존재 의미를 충분히 이해했으리라 믿는다. 이제부터는 어떻게 하면 네가 회사에서 인정받을 수 있는지 구체적으로 짚어주려고 한다. 가장 먼저 부탁하고 싶은 것은 '태도'다. 흔히 회사에서 '근태勤怠'라고 부르는 것 말이다.

　근태란 한자로 부지런할 근勤과 게으를 태怠로 이루어져 있다. 이는 학교에서는 잘 쓰지 않는 용어로, 직장에서 열심히 노력하는지 아니면 태만하게 행동하는지를 나타내는 말이다. 주로 출퇴근 시간, 출근 일수, 업무시간 준수 등을 따질 때 쓴다.

　그렇다면 직장에서 근태를 중요하게 여기는 이유는 무엇일까? 직장에서 근태가 중요한 이유는 첫째, 회사는 팀 위주로 움직이기 때문이다. 학교 수업 시간에 네가 늦는다면 그것은 단순히 지각을 했다는 것이고, 누가 뭐라고 할 사람은 없다. 이는 너의 학점에 반영될 것이고, 네가 개인적

손해를 보는 것으로 끝난다.

하지만 직장은 팀워크가 중요한 곳이다. 같이 모여 일을 하려는데 누군가가 빠진다면 팀플레이가 되지 않는다. 야구팀에 내야수 한 명이 빠진다면 경기가 진행될까. 기본적으로 운동선수들이 모두 집합하지 않으면 아무것도 할 수가 없다. 따라서 직장에 자주 늦거나 결근하거나 무단 외출을 하여 연락이 닿지 않으면 팀장을 비롯해 어느 누구도 호의적으로 보지 않을 것이다.

둘째, 업무는 거의 시간 싸움이다. 한 사람이 늦으면 그다음 스케줄도 뒤따라 지체되며, 그러다 보면 그날의 전체 일정이 망가져 버린다. 그래서 하루를 제 시간에 시작하는 것은 매우 중요하다. 모든 것을 효율이라는 잣대를 대고 생활하는 직장에서 너 한 명 때문에 일이 지체된다는 것은 치명적이다.

결근은 웬만하면 하지 않는 게 좋다. 출근이 어려울 정도로 아프다면 어쩔 수 없다. 그러나 결근을 해서는 안 된다는 걸 알기 때문에 대부분의 직장인들은 이유 없는 결근을 하지 않는다.

대학 다닐 때는 단순한 감기 몸살로도 결석사유서를 제출하는 것이 용인되지만 직장은 그렇지 않다. 툭하면 지각이나 결근을 한다면 주변 동료들로부터 안 좋은 평판을 얻게 된다. 그러니 늘 긴장해야 하고, 자기 관리도 철저히 해야 한다. 몸이 약하다는 평판은 인사상의 마이너스 요인이 된다. 자주 아픈 사람은 본의든 본의가 아니든 주변 동료들에게 자신의 업무를 떠넘기는 피해를 줄 수밖에 없으니 말이다.

신입 사원 시절에는 되도록 일찍 출근하는 것이 좋다. 대개 일찍 출근하는 사람은 항상 일찍 출근하고, 겨우 지각을 면하듯 빠듯하게 출근하는 사람은 계속 그러한 경향이 있다. 출근도 습관이다. 신입 사원 시절은 기나긴 직장 생활의 습관을 다져나가는 중요한 시기다. 가급적 일찍 일어나 10~15분이라도 일찍 출근하는 습관을 갖도록 해야 한다. 피상적이지만 그것만으로도 선배들은 신입 사원인 너의 성실성을 좋게 평가할 것이다.

직장인들 중에는 전날 술을 마시면 다음 날 휴대전화도 꺼놓은 채 감감 무소식인 사람이 있다. 또한 점심시간을 지나치게 오래 쓰거나 오후에 거래처에 간다고 하고는 휴대전화를 받지 않는 직원도 있다. 전화를 받지 못할 사유가 있으면 지금 전화를 받기가 곤란하다고 짧게나마 문자 메시지를 보내야 한다. 업무 시간에 장시간 연락이 닿지 않는다는 것은 매우 좋지 않은 근태의 사례다.

그런데 한 번 태만한 태도를 보인 직원은 같은 잘못을 반복한다. 만약 피치 못할 개인적 사정으로 잠시 시간이 필요하다면 솔직하게 사정을 말하고 양해를 구해라. 상사도 그런 사적인 일이 발생할 수 있기 때문에 이해해줄 것이다. 너무 잦으면 곤란하겠지만 말이다.

부서 이동을 하는 인사철이 오면 근태에 문제 있는 직원은 상사들이 가장 싫어하는 기피 대상 1호가 된다. 마음을 합쳐 열정적으로 새로운 일을 추진하려는데 누군가 자주 자리를 비우면 팀원 전체가 의욕을 상실한다. 이런 팀원의 기강 해이는 상사의 기분도 가라앉게 만든다. 팀워크에 가장 저해되는 요소가 팀원의 무단결근이고 공백이다.

근태는 직장 생활의 기본 중의 기본으로, 늘 신경을 써서 관리해야 함을 잊어서는 안 된다.

철저한 근태 관리는 구조조정도 이긴다

나는 IMF 당시 외국계 증권회사에 다녔다. 주로 아시아 주식시장에서 투자가들을 대상으로 영업하는 회사였는데, 1998년 들어서면서 아시아 주식시장 전체가 크게 폭락했다. 결국 경영에 부담을 느낀 회사 측이 지출을 줄이기 위해 홍콩 본사에서 대규모 구조조정을 할 예정이라는 정보가 떠돌았다. 빠른 시간 안에 각국의 지점에서 구조조정을 할 것이 뻔했다.

이 이야기를 듣고 나는 내가 할 수 있는 일이 뭔가 생각해봤다. 실적을 최대한 올려야 하는 것은 당연하지만 당시 주식시장의 거래량이 적어 할 수 있는 것이 제한적이었다. 업계의 실적 순위를 올리는 것은 가능했지만 모두가 적자인 상황에서 큰 의미가 있을지 의문이었다.

그래서 생각해낸 것이 바로 근태였다. 나는 전체 팀원들에게 일찍 출근할 것을 지시했다. 당시는 토요일에도 주식시장이 열렸으므로 직원들이 격주로 출근했는데, 모든 팀원에게 토요일에도 출근할 것을 제안했다. 평일 오후 외부 거래처에 미팅 나갔던 직원들도 가급적이면 퇴근 전에 사무실에 들러 눈도장을 찍고 퇴근하게 했다. 그전에는 현장에서 바로 퇴근하는 것이 관행이었다.

그러자 가끔 상사나 본사의 고위 간부가 온다고 해도 우리 팀만큼 열심히 일하는 사람들을 본 적이 없었을 것이다. 팀원들은 사무실에서도 조용히 자리를 지키고 있지 않았다. 전화도 씩씩하게 받고, 액션도 오버했다.

누가 봐도 열심히 일하는데 누구를 내보내겠는가.

아니나 다를까 서울 지점에도 구조조정 계획이 내려왔지만 우리 팀은 전원 살아남았다. 그 일 이후 팀의 사기는 더욱 높아졌다. 한 차례 위기를 겪고 나자 일하기가 훨씬 수월해졌다. 그런 전략이 매출과 직결되었는지는 몰라도 근태는 직장에서 원초적으로 보여줄 수 있는 중요한 부분이라고 믿는다.

게다가 직장에서의 근태는 학교생활의 나태함보다 훨씬 치명적이다. '나 하나쯤이야' 하는 생각은 '내 탓이로소이다'로 바뀌게 된다. 한 사람의 실수는 팀 전체에 악영향을 미칠 수 있다. 구성원을 평가할 때 첫 번째로 중요한 것이 윤리 문제라면 두 번째는 근태다. 흔히들 '일을 잘못하면 출근이라도 일찍 하라'는 말 속에는 뼈가 있다.

회의 장소에는 일찍 가라

근태를 좌우하는 것은 시간관념이다. 너희 친구 중에는 늘 약속 시간에 빠듯하게 맞추어 오는 사람이 있을 것이다. 준비하는 데 시간이 부족했는지 게으름을 피우다 그랬는지 알 수는 없지만 이런 사람들은 매번 약속 시간을 어렵게 맞추거나 아니면 늦게 도착한다. 그러나 업무상 미팅에서는 절대 그런 행동을 용납해서는 안 된다.

오후 2시에 미팅 약속이 있으면 약속 시간이 오후 1시 15분이라 생각하고 준비하는 것을 습관화해라. 10분가량 여유를 갖고 도착해 남는 시간 동안 상대방을 만나 무슨 이야기를 할 것인지 정리해보는 것도 좋다.

사내 회의 때도 5분 정도 미리 약속된 장소에 도착해 회의를 준비하는 것이 바람직하다. 일찍 가서 동료나 다른 팀 직원 혹은 거래처 실무진과 이야기하다 보면 뜻하지 않은 좋은 정보를 얻을 수 있다. 시간에 관한 한 비즈니스맨은 항상 여유가 있어야 한다.

태도가 좋아야 기회가 주어진다

학교에서는 수업 태도가 그리 중요하지 않다. 맨 뒤에 앉아서 겨우 모기만 한 목소리로 출석만 하고 모자를 푹 눌러쓰고 수업 시간 내내 졸아도 당일치기로 시험만 잘 보면 좋은 평가를 받는다. 수업 참여를 중요하게 생각하는 과목을 제외하면 대부분의 과목이 그렇다. 태도는 본인이 알아서 하는 것이고 성적만 좋으면 인정받았다.

그러나 직장은 다르다. 회사 업무라는 것은 학교의 시험처럼 완벽히 똑같은 답이 존재하지 않는다. 그러다 보니 이 둘은 비교가 불가능하다. 따라서 회사는 정량적 평가보다 주관적인 정성적 평가를 많이 하게 된다. 즉 적극적으로 일하는 태도를 아주 중요하게 본다. 왜 그럴까? 회사에서는 새로운 일, 어려운 일이 많다. 이럴 때 일을 비관적으로 바라보는 사람은 분명 잘해내기 어렵다. 무슨 일이든 해낼 수 있다는 긍정적인 믿음으로 달려드는 사람이 해내기 마련이다.

그러니 네가 적극적으로 일하다 보면 더 많은 기회가 주어질 것이다. 회사에서의 기회란 지원과 관심이고, 성공한다면 더 큰 보상도 주어진다는 점을 잊지 마라. 사회생활의 가장 중요한 요소가 긍정적이고 적극적인 태도라 해도 과언이 아니다.

어떤 순간에도 또렷한 눈망울을 유지하라

학창 시절 나는 태도가 그리 좋은 학생은 아니었다. 늘 강의실 맨 뒷자리가 내 자리였다. 과에서 무슨 행사를 하거나 일이 있어도 썩 협조적이지 않았다. 그러던 내가 태도의 중요성을 깨달은 것은 군복무 시절이었다.

군대에 입대하자 대학에서 기계공학을 전공했다는 이유로 수송부의 차량정비병이 되었다. 기계공학과 차량정비는 전혀 상관이 없는 분야라는 것을 나도 몰랐고, 그들도 몰랐다. 어쨌든 강원도의 매서운 겨울 날씨 속에 밤낮없이 수송부에서 일했다.

중대 생활은 더 힘난했다. 당시 중졸 이하 40퍼센트, 고졸 이하 55퍼센트 이상인 조직에서 나의 대졸 학력은 사람들에게 부정적인 작용을 했다. 당시는 5.18 광주 민주화운동 이후여서 '대학생은 곧 데모대'라고 인식하던 시기였으므로 반감을 사기에 충분했다. 군인들은 데모대 진압 훈련을 하느라 힘들었던 시기였다. 그런데다 내가 가장 졸병이었으니 수송부에서도 온갖 허드렛일을 도맡아했다. 야전잠바에는 수송에 필수적인 모든 장비, 예를 들어 드라이버, 스패너, 창고 열쇠 꾸러미 등을 넣고 다녔고, 군복은 기름때에 절어 거의 검은 색으로 변색해 있었다.

그러던 어느 날, 부대장이 장군으로 진급해 전 부대 장병을 사병 식당에 모아놓고 훈시하는 행사를 갖게 되었다.

이런저런 일을 모두 마무리하고 식당으로 뛰어가 보니 이미 모든 병사들이 자리 잡은 상태였고, 남은 자리는 맨 앞자리밖에 없었다. 앉고 보니 내 앞에도, 옆에도 아무도 없이 혼자 덩그러니 있었다.

이때 장성 계급장을 단 부대장님이 들어왔다. 얼핏 보기에 군인이라기보다 마음씨 좋은 친척 아저씨 같은 모습의 장군님은 자신의 속내를 풀어놓기 시작했다. 실로 오랜만에 들어보는 인간적인 강의를 듣자 나는 이내 이야기 속으로 빠져들고 말았다. 그분은 어렸을 때 있었던 일, 사관학교 시절의 일, 어렵게 살았던 신혼 시절 등에 대한 에피소드를 구수하게 들려주었다.

맨 앞에 앉아 미소를 띤 채 흥미롭게 듣고 있으려니, 어느 순간부터 그분이 나를 뚫어지게 바라보며 강의를 하는 것이었다. 마치 수백 명의 병사를 다 젖혀놓고 맨 앞자리에 앉아 있는 나만 바라보며 강의를 하는 듯했다. 나중에 알고 보니 대부분의 병사들은 졸고 있었다고 한다.

훈시가 끝나고 다시 수송부에서 펑크 난 타이어를 때우고 있는데, 중대 본부에서 연락이 왔다.

"송 일병, 여단지휘부로 가봐. 너 뭐 잘못한 거 있어?"

"아뇨? 왜 그러죠?"

"내가 알아? 빨리 가봐."

급히 뛰어가 보니 웬 말끔한 모습의 중위 한 사람이 나왔다.

"네가 송동근이냐?"

"예 그렇습니다."

그러자 병장 한 명이 나를 사무실로 데리고 가서 자초지종을 털어놓았다. 자신은 부대장의 당번병이라고 소개하며, 제대를 보름 앞둔 상황인데도 적당한 후임을 뽑지 못해 고민이 많았다는 것이다. 각 예하 부대의 빠릿빠릿한 당번병들을 후보에 올려 그중 한 명을 선택하라고 했으나 부대장님은 마음에 드는 병사가 없다고 했다.

그러다 그날 부대장이 훈시를 마치고 사무실로 오더니 느닷없이 부관(중위)한테 말했다는 것이었다.

"아까 보니까 송동근이라는 병사가 눈에 띄던데, 어느 중대 소속이고 어떤 사람인지 알아봐."

강연 도중 본인을 뚫어져라 바라보며 강의를 듣는 나의 명찰까지 눈여겨본 것이다. 그리고 내 프로필을 보고는 "이 병사를 당번병으로 하지"라고 했다는 것이다.

그날 이후 나의 군대생활은 완전히 달라졌다. 매일 밤 보초 근무를 서는 것과 상관없이 아침마다 벌어지는 선착순 기상과도 작별했고(조금만 늦으면 타이어를 메고 수송부를 도는 기합이 있었다), 공구들이 허공을 날아다니는 살벌한 내무반과도 작별했으며, 내 밥 한 끼 먹고 남의 식판 수십 개를 씻어야 하는 고된 일과도 작별했다.

물론 당번병으로서의 어려움은 있었다. 사무실에 걸려오는 높은 분들의 전화를 제대로 받아야 했고, 부대장님의 일정 관리 같은 중요한 일을 하느라 늘 긴장해야 했다. 그런 일도 쉽지는 않았지만 백여 명의 고참이 득실대는 수송부에서 근무할 때와는 견줄 바가 아니었다.

누군가 말했듯이 인생의 기회는 이렇게 순식간에 찾아온다.

그 일 이후 내가 느낀 것은 무엇이었을까. 바로 태도였다. 남들 다 졸고 있을 때 나 혼자 또랑또랑하게 눈을 뜨고, 윗사람의 말에 반응하는 것이야말로 최고의 태도. 올차고 다부진 태도 말이다.

이 일로 나의 태도는 완전히 바뀌었다. 바람직한 자세, '좋은 태도를 갖자'는 것이 내 인생의 모토가 되었다.

태도는 실적을 앞선다

회사에서 직원들이 모이는 행사가 있으면 되도록 맨 앞줄에 앉으려고 노력했다. 회사에서 새로운 캠페인에 대한 발표가 끝나고 모두들 잡담할 때 나는 캠페인을 설명한 부장에게 가서 건설적인 질문을 했다. 상사의 말을 들을 때는 그를 뚫어지게 바라보며 경청했고, 고개를 위아래로 끄덕이는 긍정적인 반응을 보였다. 이런 내 모습이 상사에게 적극적으로 보였음은 두말할 필요가 없다.

잊지 마라. 조직은 태도가 좋은 사람에게 기회를 준다. 실적이나 성과, 인사고과가 좋은 사람이 진급하기도 하지만 인간의 일이란 기본적으로 된 나고 믿고 달려드는 사람이 성취할 가능성이 높다. 그런 사람에게 기회를 주게 마련이다. 대개 그 기회란 '더 많은 권한을 갖는 것, 곧 진급'을 의미한다.

우리가 진급해 높은 자리에 오르면 좋은 점이 무엇일까? 당연히 연봉도 많아지고, 많은 사람을 거느릴 수 있다. 이를 통해 성취감을 느낄 수 있고, 명예가 높아지니 만족감도 커진다. 하지만 가장 중요한 것은 더 많은 일, 큰일을 할 기회가 주어진다는 사실이다.

회사를 가만히 들여다보면 경쟁에서 밀리는 사람들은 실력이 없어서라기보다 실패했을 때, 스트레스받았을 때, 문제가 생겼을 때 적극적인 대처를 하지 않는다. 그런데 한 번 경쟁에 밀린 사람들은 기회가 자꾸만 줄어들게 마련이고, 나중에는 설 자리까지 잃고 만다.

평소에 이미지 관리를 하라

직장 생활을 하게 되면 많은 문제에 직면하게 된다. 주변 사람들에게 치이고 일에 치이고 스트레스에 눌리다 보면 네 표정은 점점 경직될 것이다. 어느덧 웃음은 사라지고 눈치만 보게 되면서 얼굴이 어두워진다. 문제는 스스로 얼굴 표정이 바뀌고 있다는 사실을 인식하지 못한다는 것이다.

누구도 이런 경직된 인상을 가진 사람을 좋아하지 않는다. 그렇게 굳은 얼굴로 생활한다면 아무리 너의 능력이 뛰어나다 해도 일이 쉽게 풀리지 않는다.

직장에서 이미지 관리는 그 무엇보다 중요하다. 네가 생각하는 것 이상으로 말이다. 감정을 고스란히 드러내는 건 너에게 어떤 도움도 되지 않는다. 늘 감정을 자제하고, 동료에게 친절하면서도 활달한 모습을 보이도록 해라. 즉 적극적인 이미지를 보이도록 하라는 의미다.

매력적인 사람은 표정을 관리한다

좋은 이미지를 보이려면 표정 관리를 해야 한다. 늘 웃는 표정을 지을 수는 없더라도 활력 있게 보이도록 해라. 활력 있게 사람을 대하면 그들은 네가 그런 사람이라고 믿을 것이다.

그렇다고 억지로 표정을 만들라는 의미로 해석해서는 안 된다. 그렇게 되면 스트레스가 가중된다. 또 기억해야 할 것은 '행복해서 웃는 것이 아니라 웃어서 행복하다'는 말이다. 사람들에게 활달한 모습을 보이다 보면 저절로 기분이 좋아지는 걸 느끼게 될 것이다.

입 끝을 살짝 올려주는 정도만으로도 네 표정은 사뭇 달라지면서 기분도 따라서 좋아질 것이다. 우리나라의 한 유명 여자 골프 선수는 항상 웃는 모습으로 유명한데, 그는 시합 때마다 캐디에게 자신을 웃길 유머 몇 가지를 준비해올 것을 주문한다고 한다. 경기가 안 풀려도 한 번 웃어버리고, 다음 샷에 집중하는 것이다.

네가 기다리던 진급도, 공개 입찰 건도, M&A 건도 실패할 수 있다. 이런 일로 하루 이틀 좌절할 수는 있지만 실의에 빠져 헤어나지 못하는 모습을 보여서는 안 된다. 아무 일도 없었다는 듯 다른 일에 열중해보는 것이다. 그러다 보면 기회는 또 온다.

눈빛, 목소리에 자신감을 불어넣어라

내가 회사 생활을 하면서 직원들과 악수를 할 때 힘없이 살포시 손을 잡는 사람이 의외로 많다는 걸 알았다. 그런 사람들을 유심히 관찰해보니 거래처 직원들과 인사할 때도 마찬가지였다. 그렇게 악수를 하는 이유가 상대에 대한 배려 때문인지는 모르겠지만 너는 그렇게 하지 말았으면 한다. 악수할 때는 살짝 힘을 주어 잡고, 자신감 있는 눈빛으로 상대방을 바라보아라. 악수하는 시간은 찰나지만 그 찰나의 시간에 너의 자신감 넘치는 기를 상대방에게 보내도록 해라. 악수는 상대방에게 나의 존재감을 전할 수 있는 가장 좋은 기회다.

목소리 역시 상대방에게 나의 자신 있는 모습을 전달할 수 있는 좋은 수단이다. 아침에 사무실로 전화를 하면 잠이 덜 깬 목소리, 전날의 숙취가 그대로 남은 목소리로 전화를 받는 사람이 있다. 그런 목소리를 듣게 되면 나에게도 그 피로감이 그대로 전달되어온다. 이는 절대로 '프렌들리'한 전화 받기가 아니다.

밝고 활기찬 목소리를 연출하기 위해서는 조금 높고 적절한 빠르기로 분명한 의사를 전달해야겠다는 의지가 있어야 한다. 상대방은 그런 네 목소리를 들으면 마음속으로 탄탄한 일꾼이라는 이미지를 가질 것이다.

회사란 조직은 서로에게 영향을 미치는 곳이다. 너의 표정이 밝으면 보는 사람도 기분이 좋아진다. 그리고 그런 너의 모습은 누구보다 돋보일 것이다. 책상 앞에 거울을 놓고 자주 표정 연습을 해보는 것도 좋다.

'보기 좋은 과일'에 호감이 간다

직장 생활을 하다 보면 무수한 사람들과 만나게 된다. 내가 협조를 얻기 위해 만나는 사람도 있고, 나에게 협조를 구하기 위해 만나길 원하는 사람도 있으며, 특별한 일은 없지만 앞으로 협력할 가능성이 있어 만나는 사람도 있다. 이렇듯 네가 만나야 하는 사람들은 늘 있게 마련이다.

이렇게 사람들과 서로 교류하는 가운데, 네 자신을 어떻게 해야 좋은 이미지로 각인시킬 수 있을까? 그것은 바로 시각적인 것, 바로 외모다.

외모라 하여 예쁘거나 잘생긴 얼굴을 말하는 것이 아니다. 외모는 타고나는 것이므로 (물론 후천적으로 바꿔가는 사람도 있지만) 고려 대상이 아니다. 내가 지금 이야기하려는 것은 바로 옷차림이다. '옷이 날개다'라는 말이 있듯이 깔끔하고 단정한 옷차림은 주변 사람들에게 호감을 줄 수 있다. 비슷한 외모를 가진 사람이 둘 있다면 이왕이면 깔끔하고 자신에게 어울리는 옷차림을 한 사람이 시선을 모은다.

선배 직원 중에 멋쟁이가 있었다. 그는 마치 신사복 모델 같았다. 인물도 잘생긴데다가 키도 큰 편에 속한 그는 늘 옷을 반듯하게 잘 차려 입고 다녔다. 넥타이도 일반 넥타이 숍에서 볼 수 없는 독특한 디자인이었고,

재킷의 겉 포켓에는 언제나 행커치프를 꽂아 멋을 더했다. 개성이 잘 드러나는 구두에 살짝 엿보이는 양말조차 멋져 보였다.

누가 봐도 그는 호감이 가는 사람이었다. 그와 함께 거래처 사람들과 미팅을 가지면 그가 명함을 주기도 전에 상대방이 먼저 다가서며 인사를 청했다. 외양이 명함 이상이었기 때문이다.

중요한 것은 그가 걸친 옷이며 구두가 그리 비싼 브랜드 제품이 아니라는 것이다. 비싼 돈을 주고 구입하지 않아도 명품을 걸친 것처럼 조화롭게 차려 입는 것이야말로 진정한 멋이 아닐까 싶다.

옷차림은 제2의 얼굴, 단정하고 깔끔하게 입어라

남자의 옷차림은 와이셔츠에 넥타이로 한정된 것 같지만 신경 써서 제대로 입는 것과 대충 입는 것은 천양지차다. 여성 직장인들의 복장은 화려한 것보다는 프로페셔널한 면을 강조하는 게 좋다. 지나치게 치장을 하면 화려하게 보일지는 몰라도 프로다운 면은 없어 보인다.

직장 생활을 하면서 나는 많은 직장인들이 의외로 옷을 대충 입고 다닌다는 사실을 확인할 수 있었다. 양복바지는 언제 다려 입었는지도 모를 정도로 구겨져 있고, 어제 입은 옷을 오늘도 그대로 입고 온다. 어떤 이는 '양복은 작업복이다. 활동하기 편하면 제일이다'라고 한다.

또 머리 스타일도 제대로 정리하지 않고, 목깃이 해진 셔츠를 입고 다니거나 음식물이 튄 자국이 있는 넥타이를 굳건히 매고 다니는 사람도 있다. 갑자기 살이 쪘는지 단추가 터질 것 같은 셔츠를 입고 다니는 사람도 있다. 몸에 맞지 않은 옷을 걸치고 있는 사람을 보면 왠지 지쳐 보인다는 생각을 하게 된다.

재미있는 것은 입사 후 처음 얼마간은 옷차림에 신경을 쓰다가 직장 생활이 어느 정도 익숙해지면 점점 옷차림에 무신경해진다는 사실이다. 일에 치이다 보면 미처 외모에 신경을 쓰지 못할 수도 있다.

미국 캘리포니아대학교 심리학과 명예교수인 앨버트 메라비언이 발표한 이론에 따르면 한 사람이 상대방으로부터 받는 이미지는 시각과 청각이 각각 55퍼센트와 38퍼센트, 말의 내용은 7퍼센트에 불과하다고 했다(이것이 '메라비언의 법칙'이다). 이런 연구 결과를 보아도 옷차림, 즉 외양은 절대 무시하지 못할 것이다. 네 스스로도 아무 옷이나 대충 걸쳐 입은 사람과 머리 스타일과 옷에 신경 쓰는 사람 중 어느 쪽이 더 호감 가는지를 생각하면 답이 나올 것이다.

직장 생활을 하면서 입는 옷은 절대 '작업복'이 아니다. 오히려 사회라는 무대에서 네가 입고 연기해야 할 무대의상에 더 가깝다. 옷은 무대에서 너 자신을 더욱 돋보이게 해줄 중요한 수단임을 기억하길 바란다.

그렇다고 월급을 모조리 털어 비싼 명품을 구입하라는 의미가 아니다. 품위는 있어 보이되 튀지 않는 디자인이면 된다. 굳이 비싼 브랜드의 옷이 아니더라도 디자인이 세련되고 실용적인 옷을 얼마든지 구입할 수 있다. 주변에 옷을 잘 입는 사람들을 눈여겨보았다가 조언을 청하는 것도 좋은 방법이다.

용도에 따라 소품을 활용하는 방법도 있다. 직장인들 중에는 명함을 교환할 때 수첩이나 지갑 등에 끼워놓았다가 꺼내주는 사람들이 있는데, 프로페셔널한 느낌이 들지 않는다. 비싸지 않더라도 깔끔하고 품격 있어

보이는 가죽 명함 지갑을 준비해 사용한다면 상대에게 좋은 인상을 줄 수 있다. 찻값을 계산할 때에도 동전 지갑같이 작은 주머니에서 구깃구깃한 지폐를 꺼내는 것보다는 제대로 된 지갑에서 돈을 꺼내는 것이 훨씬 더 깔끔한 인상을 준다.

회사에서 존재감이 있는 사람은 업무 능력에서나 외양에서도 차이가 있다. '성공한 사람은 옷으로도 말한다'는 말은 결코 거짓이 아니다.

상황에 따라
성격의 얼굴을 바꿔라

...

사람의 성격을 구분할 때 자신의 에너지를 어떻게 충전하느냐에 따라 외향적 성격과 내향적 성격으로 나뉜다. 외향적 성격을 가진 사람은 주로 외부 활동에서 에너지를 충전한다. 즉 사람들과 어울리는 것을 좋아하는 사람은 외부 활동에서 에너지를 재충전한다. 반면 내향적인 사람은 외부 활동을 많이 할수록 에너지가 방전된다. 그래서 바깥 활동을 즐겨하지 않으며, 홀로 있는 시간 즉 자신과의 대화에서 에너지를 재충전한다.

외향적인 사람은 감정 표현에도 솔직한 편이다. 매사에 적극적이고 활발하며 도전적이다. 반면 내향적인 사람은 감정 표현의 기복이 크지 않다. 대체로 소극적으로 보이며, 정적靜的인 기질이 특징이다. 새로운 일이 닥쳤을 때에도 신중하고 심사숙고하는 태도를 보인다.

여기까지 봤을 때 너의 기질은 외향적일까, 내향적일까? 아니면 '헷갈린다'일까? 정답이 존재할 수 없는 문제지만 '헷갈린다'가 맞다. 왜냐하면 사람의 성격은 어느 한 가지 색채를 띤다고 규정할 수 없기 때문이다.

다양한 이론이 존재하지만, 사람의 성격은 동전의 양면처럼 이중적이다. 내향적이기만 하거나 외향적이기만 한 사람은 없다는 의미다. 내향적인 사람에게도 얼마간 외향적인 면이 있을 수 있고, 외향적인 사람에게도 다분히 내향적 기질이 존재한다. 다만 두 가지 기질 중 어느 한 가지가 자주 나타나는 '주主' 기질이고, 나머지가 '보조補助' 기질이 되는 것일 뿐이다.

외향성을 강화하라

대학 생활을 떠올려보면 알겠지만 이 시기에는 성격이 크게 문제가 되지 않는다. 대학교는 개인의 프라이버시가 충분히 존중되는, 정확히 말해 외부인에 의해 크게 제약을 받지 않는 사회다. 또래 문화에 강력한 영향을 받는 중·고등학교 시절에 비해 훨씬 개인주의적이다.

그러나 회사 생활은 다르다. 사람들과의 관계에서 많은 일들이 일어난다. 따라서 낯가림이 있어서는 안 된다. 그래서 회사 생활을 많이 한 직장인은 외향적 기질이 강화될 수밖에 없다.

본래의 기질이 내향적임에도 불구하고 일할 때만큼은 외향적으로 행동하는 사람들이 많다. 내가 만나본 기업의 임원 중에 내향적인 성격을 가진 사람은 한 명도 없었다. 아무나 말을 걸면 친절하게 응대하고 편하게 대화할 수 있었다. 먼저 말을 건네는 사람도 많다. 세미나에서 우연히 옆자리에 앉아 한 마디 건네면 누구와도 오랫동안 알아왔던 사람처럼 대화를 나눈다. 외모는 무뚝뚝해 보여도 사교성마저 무뚝뚝하지는 않다. 아마 오랜 직장 생활을 하는 동안 성향이 바뀌었기 때문이 아닐까 생각한다.

나의 경우도 성격검사 프로그램으로 진단해보니 상위 1퍼센트의 내향성이라는 결과가 나왔다. 하지만 나를 아는 사람들은 내게서 전혀 그런 느낌을 받지 않는다고 한다. 다년간 기업의 임원으로 활동하면서 나도 모르게 본성과는 다른 성향이 형성된 모양이다. 성향이 바뀌지는 않았지만 환경에 적응하기 위해 본성과 다른 성향이 나타난 것이다.

미국의 기업들에서도 직장인들의 직급이 올라갈수록 외향성이 강화된다고 한다. 펜실베이니아대학교의 애덤 그랜트 교수에 의하면 미국은 관리자와 임원의 96퍼센트가 외향적인 특징을 보인다고 한다(외향적 특징을 부분적으로 가지고 있는 사람이 96퍼센트라는 의미다). 특히 직급이 올라갈수록 외향성이 강화되어 일선 관리자들은 36퍼센트만이 높은 수준의 외향성을 보이지만 더 높은 중간 관리자는 그 비율이 41퍼센트, 임원급은 52퍼센트, 최고위급 임원들에서는 60퍼센트에 이른다고 한다. 직급이 높아져서 외향적이 되었는지, 아니면 외향적이어서 높은 직위에 오른 것인지는 판단해봐야겠지만 결국 동시에 일어난 일이 아닐까 싶다.

앞서 말한 것처럼 내향적인 성격을 지닌 사람에게 외향적인 모습을 보이라는 이야기가 아니다. 네가 내향적 성향을 지녔다 하여 두려워할 필요는 없다. 그저 네 안에 있는 다양한 얼굴을 적시적지에 맞게 끄집어내기만 하면 된다. 외향적 성향이 필요한 순간에 내향적 성향이 이를 방해하지 못하도록 마음의 훈련을 하는 것이다. 하루아침에 '얼굴'을 마음먹은 대로 조절할 수는 없으니 천천히 시도해보기 바란다.

말수 적고 얌전한 것이 여성의 매력처럼 인식되었던 시대가 있었다. 하지만 이는 오래전 이야기다. 사회는 자신의 의사 표현을 분명하고 당당하게 할 줄 알고 다른 사람들에게 친근감 있게 다가갈 줄 아는 여성을 환영한다. 자신의 기질이 내향적이더라도 걱정하지 말고 지금부터라도 자신의 의사를 당당히 표현하는 법, 다른 사람과 사교적으로 어울리는 기질을 키워보자. 당장 어렵다 해도 상관없다. 천천히 가면 된다.

"안녕하세요"로 상대와 나 사이의 벽 허물기

외향적 성향이 있는 사람의 가장 큰 특징은 거리낌 없이 인사를 한다는 것이다.

인사의 중요성은 워낙 귀가 닳도록 들어서 잘 알 것이다. 회사에서도 "신입 사원 때는 인사를 잘해야 한다"는 말을 많이 듣는다. 그런데 내가 여기서 말하는 인사는 상대와 맞닥뜨렸을 때가 아니라 찾아다니며 하는 인사를 말한다. 인사 내용이 거창할 필요는 없다. "안녕하세요?", "식사하셨어요?", "오늘 의상이 아주 화사하네요" 정도면 충분하다.

직장 내에서 전화를 받았을 때, 시기에 맞는 적절한 안부를 건넨다면 상대방의 호감을 사서 업무를 순조롭게 추진할 수 있다. 또 엘리베이터나 복도에서 마주치는 회사 동료와도 최소한 자연스러운 눈인사라도 하는 게 좋다. 한 마디씩 유쾌한 멘트를 덧붙이면 더욱 좋다.

선거에 나선 정치인들이 길에서 인사하는 걸 본 적이 있을 것이다. 상대가 누구든 간에 밝게 웃으며 다가서는 그 '넉살'을 배울 필요가 있다. 알고 보면 우리는 그러한 면이 있는 사람에게 신선한 매력을 느낀다. 지나치게 수줍음을 타는 사람보다는 스스럼없이 행동하는 사람을 선호한다.

대학교 또는 대학원을 졸업하는 20대 중·후반까지, 너는 다른 사람들과 업무적으로 어울리는 기회가 별로 없었을 것이다. 그런데 회사 일은 혼자서 할 수 있는 것이 거의 없다. 같은 팀의 팀원들과는 당연히 어울려야 하고, 다른 부서 직원들의 협조를 얻어야 할 때도 있고, 다른 회사와 협업해야 할 일도 많다. 이런 상황에서 그들과 만나서 기계적인 대화만 주고받아서는 협업이 원활하게 이루어질 리 없다.

상대방보다 먼저 친근감을 표시하며 다가선다면 업무에서 우위를 점할 수 있다. 효과적인 업무 진행, 원활한 협업을 위해 얼굴이 두꺼워질 필요가 있다.

이 세상에는 두 종류의 사람이 있다는 것을 알아야 한다. 내가 아는 사람과 모르는 사람, 그것은 '완전히 모르는 사람과 한 번 인사를 주고받은 사람'의 차이다. 인사하고 명함을 받아놓았거나 간단한 대화를 했다면 아는 사이 아닌가. 그러면 협조가 필요할 때 도움을 청하기가 쉽다. 능력 있는 직원은 일을 맡았을 때 인맥을 동원해 쉽게 해결하기도 하며, 스스로 새로운 사람들을 사귀고 정보를 얻고 협조를 받아가며 개척한다.

즐기는 사람을 이길 방법이 없다

네 주변 사람 가운데 일이 재미있다는 사람은 거의 없을 것이다. 내 주변 사람 중에도 거의 없었지만 그렇다고 전혀 없지는 않았다. 혹자는 우리가 알고 있는 일벌레들은 일이 재미있다기보다는 강박증이 있는 워커홀릭일 가능성이 크다고 폄하하곤 한다. 정말 일을 재미있게 하는 사람이 있을까.

마크 트웨인의 소설 『톰 소여의 모험』을 읽어보았을 것이다. 주인공 톰은 어지간히 개구쟁이다. 하루는 톰이 말썽을 피워 이모로부터 울타리 전체에 페인트칠을 하라는 벌칙이 주어진다. 시간이 얼마나 걸릴지 모르는 일이다. 더구나 동네 친구들이 그 꼴을 보면 놀려댈 것이 뻔했다.

때마침 친구들이 나타났다. 그러자 톰은 갑자기 즐거운 얼굴을 하며 노래를 흥얼거리기 시작했다. 친구들이 불러도 알은척도 않고 재미있다는 듯 페인트칠을 계속했다. 친구들은 그런 톰의 모습을 보고 페인트칠을 해보고 싶어 했다.

"톰, 나도 조금 해보면 안 될까?"

"너희들도 하고 싶으면 뭐든 내놔봐. 그러면 할 수 있게 해주겠어."

톰이 당돌하게 말하자 친구들은 애가 탔다.

결국 톰은 사과를 얻어먹고, 돈도 받은 뒤 친구들로 하여금 담장 전체를 페인트칠하게 해서 쉽게 일을 끝낸다. 페인트칠을 한 친구들은 일을 하게 해준 톰에게 오히려 고마워했다.

이는 일을 '즐거운 놀이'로 생각한 톰의 계획이 성공했기에 가능했다. 이 이야기에서 알 수 있듯이 모든 일은 생각하기 나름이다. 일은 재미있을 수도, 지루할 수도 있다. 그렇기 때문에 스스로 일을 재미있게 하는 요령을 깨쳐야 한다.

'재능 있는 사람은 노력하는 사람을 못 당하고, 노력하는 사람은 운 좋은 사람을 못 당한다'는 말이 있지만 나는 여기에 하나를 더하고 싶다. '운 좋은 사람은 일을 즐기는 사람에게 못 당한다'고.

몰입 이론으로 유명한 미하이 칙센트미하이 교수는 "놀이를 좋아하는 유쾌한 태도는 창조적인 사람의 특징이다"라고 말했으며, 미래학자인 다니엘 핑크도 일을 놀이처럼 재미있게 하는 능력은 경쟁력이라고 말했다. 일을 재미있게 할 수 있다면 전쟁처럼 느껴지던 직장 생활도 천국이 될 수 있다. 이 얼마나 놀라운 일인가.

너는 내 말을 믿을 수 없다고 반박하겠지만 이제부터 일을 재미있게 느낄 수 있는 비결을 알려주려고 한다.

일을 이해하면 재미가 두 배다

인크루트 조사에 의하면 직장인 10명 중 3.7명은 직장에서 전혀 웃지 않는다고 한다. 억지로 일을 하느라 그런지 아니면 심각한 일을 하고 있어서인지는 알 수 없지만 분명한 건 그들이 일에 흥미를 느끼지 못하고 있다는 사실이다.

그러나 하루의 대부분을 보내는 곳이 직장인만큼 즐겁게 보내기 위한 노력이 필요하다. 업무에 큰 지장을 주지 않는 선에서 동료들과 대화를 나누고 퇴근 후에 함께 어울리는 시간을 갖는 것도 좋다. 업무 빨리 끝내기 같은 사소한 내기를 하는 것도 좋다.

일에서 재미를 찾으려면 먼저 일을 제대로 이해해야 한다. 일의 중요도, 그 일을 하는 이유, 그리고 일과 연관된 것들을 찾다 보면 일이 정말 재미있다는 생각을 하게 된다.

게임도 마찬가지다. 슈퍼마리오나 앵그리버드 같은 게임은 복잡하지만 거기에 숨겨진 비법이나 수단, 무기들을 알게 되면 흥미가 더한다. 마리오가 단계별로 적을 물리치고 동전을 취하듯이 일도 게임처럼 즐겁게 할 수 있다.

물론 일을 하다 보면 심각해질 때도 있고 무거운 부담을 느낄 때도 있다. 하지만 그런 감정에 빠지다 보면 기분만 나빠질 뿐 달라지는 건 아무것도 없다. 그 상황 자체를 '나를 성장시키기 위한 기회' 혹은 '내가 풀어야 할 게임'이라고 생각하고 가볍고 긍정적으로 생각해보는 건 어떨까. 게임이 어렵지만 스릴을 느낄 수 있듯 어려운 업무도 그렇게 생각해보는 거다.

그렇게 해서 고비를 넘긴 뒤에는 스스로에게 상을 주는 것도 좋다. 평소에 갖고 싶었던 물품을 구입하면서 자신을 격려하는 것이다. 이런 경험이 쌓이다 보면 장애를 넘어서는 재미를 맛볼 수 있다.

살아가다 보면 실패와 실수, 수많은 좌절을 경험한다. 그런 것들이 모두 모여 나를 도전하게 하고, 집중하게 하고, 기쁨을 느끼게 한다.

아침에 눈을 뜨자마자 회사에 빨리 달려가고 싶을 수도 있고, 아예 눈을 뜨기 싫을 수도 있다. 그것은 회사나 상사가 아닌 오직 네가 일을 어떻게 바라보느냐에 달려 있다.

경제관념,
되도록 빨리 익혀라

● ● ●

　　　직장 생활을 하는 직장인의 공통된 목적은 소득을 얻기 위해서다. 대부분의 사람들은 그 소득으로 생활을 영위한다. 가족이 있을 경우 가족도 부양해야 한다. 따라서 경제관념은 직장인이 가져야 할 기본자세다. 급여를 받는 직장인은 업무를 통해 회사에 수익을 창출해야 한다.

　하지만 대부분의 직장인들은 업무 자체에 집중할 뿐 이 같은 사실을 의식하지 못한다. 팀에서 하는 일이 사업성이 있는지, 팀의 일반 관리비는 어느 정도나 되는지, 지난 연도 회사 실적의 특징은 무엇인지, 지난 몇 년간 관련 업계의 추세는 어떻게 변화했는지, 주주의 변화가 있는지, 경쟁 회사들과의 경쟁 구도에는 어떤 변화가 있는지에 대해서는 별 관심이 없다.

　게다가 회계 용어를 생소하게 여긴다. 신입 사원뿐 아니라 팀장급 직원들에게 이와 관련된 용어를 물어도 정확하게 모르는 경우가 허다하다. "나는 기획 업무를 하는데 그런 것은 왜 알아야 돼?", "나는 신제품 개발 연구실에서 개발 연구만 열심히 하면 되지, 왜 그런 골치 아픈 일까지 관심을 가져야 하지? 담당자들이 따로 있는데", "내가 맡은 일이나 잘해야지. 다른 생각은 하지 말자"라고 말할지 모른다. 자신의 일에만 푹 빠져 있기 때문이라고 긍정적으로 해석하고 싶지만 내가 보기엔 무관심이 과하다고 할 수밖에 없다.

너는 직장이란 사회에 들어왔으며, 이곳의 공용어는 바로 경제임을 알아야 한다. 언어가 통하지 않으면 소통이 불가능하고, 구성원으로서 존재할 수 없다. 따라서 경제 개념을 제대로 아는 것은 매우 중요한 일이다.

우리 팀의 실적 추이, 회사의 당기순이익 예상치, 우리 팀과 다른 팀이 추진하는 프로젝트의 사업성, 경쟁사들의 수익 구조 등은 꼭 알아야 할 개념이다. 아무리 내 개인의 실적도 중요하지만 팀의 목표나 실적에 대해서도 관심을 가져야 한다. 회사의 경영 문제에 책임 의식을 갖다 보면 그 전에는 보이지 않았던 것이 보이고, 일에 대한 능률도 오르며, 승진의 사다리에 오를 수 있는 기회도 쉽게 찾을 수 있다.

부를 이루기 위한 기본 조건, 경제관념

우리 모두가 철저한 경제관념을 갖는다면 어떤 변화가 일어날까. 나를 비롯해 '우리'가 부유해진다. 이는 유대 민족의 사례를 통해서도 알 수 있다.

세계에서 경제관념이 가장 강한 민족이 유대인이다. 너도 알다시피 그들은 전 세계의 이렇다 할 중요 분야는 모조리 장악하고 있다. 미국 월가가 그들에 의해 좌지우지되는 것은 공공연한 사실이다. 금융업에서부터 석유, 언론, 엔터테인먼트, 예술, 과학 심지어 정치까지 유대인 자본의 영향권 안에 있다. 현재의 그들을 있게 만든 것은 철저한 경제관념이다. 그들은 자녀 교육을 통해 이를 고스란히 대물림한다.

중국도 역사적으로 유명한 상인정신을 가진 몇 안 되는 민족 중 하나다. 그 많은 중국 상인 중 최고의 상인은 저장성 원저우 출신의 원저우 상인이다. 원저우 상인들은 돈벌이가 된다면 그 기회를 놓치지 않는 것으로 유명하다. 이들의 상술도 뛰어나지만 워낙 지독한 생활력 때문에 사람들은 이들을 동양의 유대인이라고 부르기도 한다.

이들은 작은 가게를 차릴 때에도 그 지역 길거리에 며칠 동안 앉아서 지나가는 사람의 숫자를 헤아리며, 그 지역 가게들의 매출이 어느 정도인지 세심하게 알아본 후에야 비로소 결정을 내린다고 한다. 그들은 이처럼 발로 뛰며 확인, 또 확인을 하는 것이다.

또한 늘 손익 관점으로 갖가지 사업체를 관찰하며, '과연 저 사업은 얼마나 마진을 남길까?'에 골몰하고, 자신이 뭔가를 구매할 때는 '파는 사람의 마진은 얼마나 될까?'를 동시에 가늠해보는 등 쉴 새 없이 머릿속 주판을 튕긴다. 진짜 프로는 장사를 시작하기 전에 그곳 걸인들이 하루에 돈을 얼마나 벌어들이는지까지 관심을 갖는다는 말도 있다. 지역의 경제 규모를 가늠할 수 있기 때문이다.

그 외에 원저우 상인의 기질적인 성공 요인으로는 불굴의 의지력, 근면성 등도 있겠지만 가장 눈여겨볼 만한 것은 그들의 경제관념이다.

생활 속에서 끊임없이 경제 이슈를 찾아라

일반인에게 경제 이슈는 조금 어려울 수도 있다. 특히 상경계 출신이 아니라면 경제 분야는 용어부터 생경하기 짝이 없다. 하지만 반드시 노력해서 기본적인 개념 정도는 익혀 나갔으면 한다.

그러고 보니 기억에 남는 신입 여직원 한 명이 떠오른다. 그녀는 출근을 시작한 지 얼마 안 되어 출근 전 한 시간, 퇴근 후 한 시간을 경제 신문을 읽는 것에 할애했다.

왜 경제 신문을 그렇게 열심히 읽느냐고 물었더니, 용어가 생경해서 하나하나 사전을 찾아가며 읽기 시작했는데 2주가량 지나니 내용이 한눈에 들어온다고 했다. 우리 경세의 큰 틀에 관심을 갖고 보니 세상을 보는 눈이 달라졌다고 했다. 지금 그녀는 중견 기업체의 대표로 왕성하게 활동하고 있다.

경제관념을 갖기 위해서는 생활 속에서 접근해야 한다. 이를테면 점심때 들른 식당에서 고객수를 세어본 뒤 테이블 한 개당 고객이 평균 어느 정도의 돈을 쓰고 나가는지, 저녁시간과 점심시간 중 어느 쪽 고객이 더 많은지, 어떤 저녁 메뉴가 인기인지, 대략적인 월 평균 매출은 얼마이고 마진은 얼마나 되는지, 서빙하는 직원은 몇 명이고 전체적인 일반 관리비는 어느 정도인지 등을 생각해보는 것이다. 거리 풍경도 그냥 보지 말고 장사의 눈으로 살펴보는 것이 좋다.

또 아침에 일어나 인터넷에 접속하면 최근 사회적 물의를 일으킨 금융회사의 근본적인 문제는 무엇인지, 현재 한국은행의 금리 동향은 어떤지, 최근 외환시장의 환율 동향은 어떤지 등도 파악해야 한다.

'왜 나와 그리 상관도 없는 일에 관심을 갖느라 에너지를 낭비해야 하느냐'고 반문할지 모르겠다. 하지만 네가 제대로 된 사회인으로 살아가려면 세상을 경제적 관점으로 보는 노력이 필요하다. 왜냐하면 네가 상대해야 할 비즈니스맨들은 그런 것에 많은 지식을 갖고 있으며, 또 관심도 있기 때문이다.

내가 만나본 성공한 기업인들 중에는 자신이 몸담고 있는 일 이외의 사업에 대해서도 꾸준히 연구하는 사람이 많았다. 해외 유전 개발 사업을 하면서 영화 관련 사업을 연구하는가 하면, 미술품 투자와 관련해 전문가적인 지식을 뽐내기도 했다. 본업을 해내는 것도 어려울 텐데 왜 다른 분야에까지 관심을 가질까 의문스러울 것이다. 그러나 그들은 다른 업계에 대한 연구 결과를 자기 사업의 영역에 적용하고 있었다. 세상에는 수많은 사업 분야가 있지만 이것들이 움직이는 원리는 비슷하므로, 다른 분야에서 통용되는 법칙이 내 사업의 영역에도 충분히 적용 가능한 것이다.

사회인이라면 누구나 주변에서 일어나는 일에 대해 경제적 관점을 재정의할 필요가 있다. 이렇게 할 수 있다면 회사 일뿐 아니라 개인적 자산 관리도 훌륭하게 해낼 수 있다(개인적 자산 관리 부문에 대해서는 STEP 7에서 자세히 설명할 예정이다).

경제관념을 갖추려면 수시로 갖가지 계산을 해보는 습관을 가져야 한다. 회사에서 회의를 하거나 토론할 때 신입 사원들이 가장 약한 부분이 속셈이다. 숫자 감각이 좋은 사람은 일반적으로 직장 생활을 많이 한 연장자다. 계산이 느리다면 그만큼 사회에 적응이 덜 되었다고 볼 수 있다.

늘 계산해라

'직장 생활을 오래 한 사람과 신입 사원의 차이는 바로 속셈 실력, 즉 숫자 감각이다'라는 말에 선뜻 동의하기 어려울 것이다. 왜냐하면 네가 어울리는 사람들은 아주 최근까지 학교에서 공부만 한 너와 같은 또래일 테니까. 물론 미적분 실력이라면 신입 사원이 더 낫다는 데는 동의한다. 하지만 현실적인 숫자 감각은 많이 못 미친다. 단언컨대 기업도 숫자고, 사회도 숫자다. 간단히 테스트 삼아 낸 다음 질문에 시간에 맞춰 답해본다.

1. 평당 1천만 원짜리 32평 아파트의 시세는 얼마인가? (1초 내에 답한다)
2. 한 아파트에 전세기 2억5천만 원 혹은 보증금 5천만 원에 월 1백만 원의 월세, 두 가지 조건이 있다. 이 중 어느 조건이 세입자에게 더 유리할까? 단, 은행 대출 금리는 4퍼센트다. (10초 내에 답한다)
3. 1주당 1만 원짜리 우리 회사 주식이 1만 주 있다면 총액이 얼마인가? (2초 내에 답한다)
4. 현재 시중은행의 대략적인 평균 1년 정기예금 금리와 저축은행의 평균 1년 정기예금 금리는 각각 몇 퍼센트인가? (2초 내에 답한다)
5. 23,580,000,000원을 소리 내어 읽어라. (2초 내에 읽는다)

1번 문제는 아주 쉬우므로 즉시 답할 수 있을 것으로 생각한다. 정답을 빨리 알아맞히는 것보다 3억2천만 원의 크기를 체감하는 게 중요하다.

2번은 당연히 조달 금리를 계산해 비교하는 것이다. 1년을 기준으로 계산한다. 2억5천만 원의 전세는 연 조달 비용이 2억5천만 원 × 0.04(4퍼센트) = 1천만 원이다. 그리고 보증금 5천만 원, 월세 1백만 원의 전월세는 5천만 원의 조달 비용이 5천만 원 × 0.04 = 2백만 원에 월세 월 1백만 원 × 12(개월) = 1천2백만 원이니, 1천4백만 원이다. 당연히 전세로 들어가는 것이 4백만 원 저렴하니 전세로 들어가야 한다.

3번의 1만 원짜리 주식 1만 주는 계산할 필요 없이 1억 원이라고 기억해두기 바란다. 우리 사주를 조금이라도 보유해본 직장인이라면 동그라미를 셀 필요가 없다. 주당 10만 원짜리 주식 1만 주는 계산할 필요도 없이 10억 원이고, 주당 5만 원짜리 주식 5만 주는 25억 원이다.

4번은 인터넷을 열고 알아보도록 해라. 평소에 늘 관심을 갖길 바란다.

5번은 이백삼십오억 팔천만 원이다. 동그라미를 세어서는 안 된다. 즉시 읽을 수 있어야 한다.

직장에서 승승장구하는 사람들은 대개 계산에 능하다. 납품 가격을 협상하는 자리에서 계산기를 꺼내 두드리는 사람을 본 적이 없고(그것이 협상 제스처라면 모르겠지만), 현재 진행하는 이 사업 건으로 올해 우리 팀에 어느 정도의 수익률을 가져다줄지, 그게 전체 목표의 몇 퍼센트인지, 부하 직원에게 묻는 상사도 본 적이 없다. 늘 하는 계산이기 때문이다.

처음에는 복잡할지 몰라도 관심 분야의 셈을 늘 하면서 살다 보면 속셈 천재가 되는 날이 올 것이다.

메모는 나의 힘

• • •

이번에는 네가 자신 있어하는 부분에 대해 이야기하려고 한다. 너는 학창 시절에 메모를 참 잘하더구나. 그건 좋은 습관이다. 그것이 어떻게 직장 생활을 유리하게 만들어주는지 알려주겠다.

노트는 교과서 내용을 요약하거나 선생님의 강의를 기록하는 수단이다. 타고난 공부벌레들은 자신만의 노트 비법이 있고, 그런 노트가 주위의 선망의 대상이 되기도 한다. 이들은 수업시간 중에 선생님이 가르치는 내용뿐 아니라 선생님이 들려주는 예시나 키포인트 같은 것도 요약해 적는다. 이처럼 공부하는 학생에게 노트가 중요하듯 직장인에게는 메모가 중요하다.

학교에서의 기록과 다른 점은 직장 생활에서는 "자, 이제부터 내가 설명할 테니 받아 적으세요" 혹은 "중요한 얘기를 할 테니 받아 적으세요"라고 말하는 사람이 없다. 회사 생활에서의 기록이란 때와 장소를 가리지 않는다. 따라서 직장인은 언제 어디서나 기록할 수 있는 메모 수첩을 갖고 다니는 것이 좋다.

상사들은 신입 사원에게 뭔가를 지시하면서 그들이 메모를 하는지 않는지 유심히 살펴본다. 이는 근무 태도와 연관된다. 대개 꼼꼼하고 정확한 것을 좋아하는 사람은 메모를 잘한다. 적극적인 성향을 가진 사람들도 메모를 즐긴다. 메모할 준비를 갖추는 것은 상사의 지시에 적극적 실행 의지를 갖추었음을 나타내는 것이다.

메모로 나타나는 적극성과 정확성

사원 시절의 일이다. 한번은 부장이 나를 불렀다. 부장은 몇 가지 일을 지시하며 사후 보고를 하라고 했다. "알겠습니다" 하고 내 자리로 돌아왔지만 총 네 가지 지시 사항 중 세 가지는 기억나는데 나머지 한 가지는 도무지 생각이 나지 않았다. 나는 곤혹스러워하며 친한 선배에게 사정 이야기를 했다.

"기억하지 못하는 것을 어떻게 하겠어? 중간 보고 때 지금까지의 진행 상황을 보고드려."

그러면 부장이 필시 그 나머지 한 가지에 대해 말할 것이 틀림없으니 그때 힌트를 얻은 뒤, 그것만 아직 실행하지 못했다고 답하면 된다는 것이었다. 선배의 조언을 듣고 나는 용기를 내어 부장에게 중간 보고를 했다.

"그럼 나머지 하나, 그건 어떻게 된 거야?"

"아! 아직 손을 못 댔습니다. 곧 보고 올리겠습니다."

"그게 무슨 내용이었지? 적어놨는데 생각이 안 나네."

"저, 그게…."

"뭔지도 모르고 뭘 하겠다는 거야! 나는 자네가 천재인 줄 알았어. 내가 업무 지시를 내리는 데도 메모를 하지 않아 제대로 기억할지 내내 궁금했었네."

나중에 눈여겨보니 부장은 작은 수첩과 볼펜을 양복 안주머니에 지니고 다니면서 메모를 하고 있었다.

직장 생활은 경험이다. 신입 사원 시절 온갖 경험을 다 해본 부장은 너의 일거수일투족이 훤히 보인다. 자신의 말을 열심히 메모하는 부하 직원을 보면 상사는 무슨 생각을 할까. '이 친구는 참 성실하군. 자세가 됐어'라고 하지 않을까.

사소한 습관 하나가 큰 차이를 만든다. 평소에 상사가 부르면 반드시 펜과 메모지를 가지고 가라. 상사와 대화하다가도 중요한 내용이다 싶으면 즉시 메모지를 꺼내라. 그러면 상사는 너의 성실함과 꼼꼼함에 주목하고 안심하고 일을 맡길 것이다.

명함 관리도 메모다

내가 어느 회사의 대리로 있을 때 일이다. 당시 나는 회사 거래처 직원이었던 사람과 가끔 만나곤 했다. 그와는 나이 차이도 있고, 공통점이 별로 없어 친밀한 관계가 유지되기 어려울 수도 있었으나 그와 나는 마치 오래된 친구처럼 친밀감을 갖고 만났다.

어떻게 그럴 수 있었느냐고? 이유가 있다. 한번은 그와 점심을 마치고 그가 밥값을 계산한다면서 지갑을 꺼낼 때 명함이 떨어졌다. 주워보니 내 명함이었는데, 깨알같이 뭔가가 쓰여 있었다. 나에 관한 인적 사항부터 나와 만났을 때 나눴던 이야기의 핵심 내용이 그 작은 명함에 빼곡히 적혀 있었다. 나에게서 명함을 받아든 그는 얼른 주머니에 넣었다. 많은 생각이 뇌리를 스쳐 지나갔다. 그와의 대화는 항상 이런 식이었다.

"송 대리, 잘 지냅니까? 아기는 많이 컸겠네요."

"예, 잘 지냅니다. 아기도 하루가 다르게 잘 크고 있습니다."

"돌잔치는 잘 치렀고요?"

"예? 예. 덕분에요." (속으로) '별 걸 다 기억하고 있네?'

"연락을 주셨으면 갔을 텐데요. 하하!"

"죄송합니다. 가까운 가족, 친지들과 조촐하게 치렀습니다."

"그때 얘기했던 일은 잘 마무리됐나요?"

"아! 그 일요? 다행히 잘 끝났습니다. 그걸 아직 기억하시네요."

"어떻게 잊겠어요? 송 대리가 점심을 먹지 못할 정도로 스트레스를 받던 모습이 아직도 눈에 선한데요. 회사 일이라는 게 풀지 못할 일은 없더라고요."

늘 이런 식으로 대화를 하다 보니 나는 그와 함께 있으면 순식간에 무장해제가 되었다. 그는 대화하기 편했고, 나의 일상을 기억해주는 그가 늘 고맙고 미안한 마음이 들었다. 그래서인지 그가 추진하는 일이라면 도와달라고 하지 않아도 도와주고 싶다는 생각이 들었다. 이런 대화를 가능케 하는 그의 화법의 비밀은 명함 메모에 있었다. 즉, 명함에 메모하는 습관은 그만의 인맥 관리 방식이었다. 이후 나도 똑같이 따라 해보았다. 명함을 받고 미팅을 하면 간단한 주요 내용을 적어 넣는 것이다. 사실 거래처와 미팅 후 중요한 업무 외의 정보는 잊기 쉽다. 이를테면 상대방의 인적사항, 대화의 중요 포인트, 업무 외의 내용이지만 인상적이었던 것 등이다. 한 시간만 지나도 이러한 정보는 잊게 된다. 하지만 명함에 적는다면 잊지 않을 수 있다. 명함집을 백날 관리해도 활용하지 않는다면 전화번호 수첩에 지나지 않는다.

지금은 스마트폰의 명함관리 어플이 있어 이를 잘 활용하면 좋다. 스마트폰에 상대방의 정보를 잘 정리해두고 그와 다시 만날 일이 있을 때 미리 스마트폰을 확인한 후 미팅에 나간다면 호감도가 높아질 것이다.

호감도가 커지면 시간 대비 훨씬 심도 깊은 대화를 나눌 수 있다. 공적인 만남에서 나와 가족의 개인적인 일에 관심을 갖고 기억해주는 상대방을 만나기가 어디 쉬운가.

이때 '나는 이 정도로 당신에 대해 신경 쓰고 있습니다'라며 의도적으로 말하기보다는 은연중에 관심을 보이는 것이 좋다.

"여름휴가는 잘 다녀오셨어요?"

"집사람이 몸이 좀 안 좋다고 해서 딴 데 안 가고 그냥 처갓집에 다녀왔어요."

"이번에는 좀 오래 가네요?"

"그러게요. 처갓집에 다녀온 뒤로 좀 나아진 것 같아요."

"다행이네요. 아, 요즘 그쪽 지역에 중국인들이 와서 부동산을 많이 산다면서요?"

"정말 그렇더라고요. 제주도에 부동산 투자 붐이 일고 있어요."

이 정도면 대화도 부드럽고 친밀감도 훨씬 강해진다. 하지만 대부분의 사람들은 나의 뻔한 신상을 만날 때마다 반복해서 묻는 실수를 한다.

"자녀분이 어떻게 되죠?"

"남자애 둘입니다." (속으로) '만날 때마다 묻네'

"목메달이시군요. 하하!"

이래서는 상대에 대한 인간적인 관심보다 오직 일 때문에 억지로 만나는 느낌을 줄 뿐이다.

이렇게 직장인 중에는 자신만의 실전 노하우를 가진 사람들이 의외로 많다. 사회생활을 하다 보면 이런 이들을 만날 것이다. 좋은 습관을 가졌다고 생각하면 따라 해도 좋다.

상대의 안부를 묻는
여유를 가져라

● ● ●

　신입 사원으로 입사해서 팀에 소속된 뒤 가장 신경 써야 할 일은 나에 대한 팀원들의 평가다. 처음 몇 달은 유예기간으로, 평가를 유보해주지만 시간이 지나면 냉정한 평가 앞에 직면하게 된다. 그들의 평가는 나에게 꼬리표를 남긴다. 좋든 나쁘든 한 번 만들어진 이미지는 여간해서 바꾸기 어렵다. 그렇다면 어떻게 해야 좋은 평가를 얻을 수 있을까? 이 시기에는 능력보다는 싹싹한 태도를 보이는 것이 중요하다. 너를 대놓고 싫어하는 사람이 있어서는 안 되니까. 너를 좋아하는 여러 명의 고참보다 안 좋게 생각하는 고참 한 명이 너에게는 훨씬 치명적이다. 마케팅에서 한 명의 불만 고객이 10명, 백명의 잠재 고객을 떠나게 하는 것과 같은 이치다.

　사람들의 호감을 사고 싶다면 앞에서 말한 것처럼 선배 팀원들에 대한 인적 사항을 평소에 잘 메모해두어라. 스마트폰에 메모해둬도 좋다. 그들의 취향, 가족 사항, 아이 이름, 건강 문제, 전에 일했던 부서나 직장, 그들이 꺼리는 대화, 다른 사람들과의 관계 등등 특이하다 싶은 내용을 기록해두면 상대를 배려하는 대화를 할 수 있다.

이를테면 팀 선배의 생일을 아무도 챙기지 않는다면 네가 나서서 추진해보는 것도 좋다. 아마 팀원들 생일을 챙기지 않는 직장은 거의 없을 것이다. 그렇게 단순한 기념일보다는 고3 자녀를 둔 상사에게 수능 시험 전 자그마한 선물을 챙겨주거나 출산을 앞둔 선배에게 아기용품을 선물하는 것도 좋다. 다들 자기 일에 바빠 정신없을 때 이런 배려를 하기란 쉽지 않다. 누군가가 자신의 개인적 여건을 이해하고 배려해주면 고마운 마음과 함께 함부로 대할 수 없는 끈끈한 우정이 형성된다.

인간은 누구나 외로운 존재이기 때문에 주변의 따뜻한 관심을 받기를 원한다. 특히 고참 직원의 경우 후배 직원이 자기 마음을 알아준다면 말할 수 없이 기쁘다. 무슨 일이 있을 때 내 편이 되어주는 후배는 두고두고 고맙다. 상대의 말을 들어주고, 그의 입장에서 이해해주고 그의 편이 되어주어라. 불평불만, 억울함을 토로하면 그냥 들어주는 것만으로도 그들은 너를 자기편이라 생각하고 고맙게 여길 것이다.

하지만 네가 그들 모두를 껴안을 수 없을 때도 있다. 어쩔 수 없이 몇몇은 너와 '그저 그런 관계'로 분류될 수밖에 없을 것이다. 그러나 그런 일로 너무 스트레스받지 말기 바란다. 원활한 관계 형성을 위해 노력하되 노력해서 안 되는 일은 포기할 줄도 알아야 한다.

또한 일을 하다 보면 자연히 사람들과 부딪히는 일도 있다. 그때는 서로 진심을 털어놓고 오해를 풀면 된다. 그러면서 직장 생활을 해나가는 것이다. 네가 팀을 위해 최선을 다한다면 결국 네 진심은 통하게 되어 있다.

가끔은 당돌하게
존재감을 드러내라

* * *

　전에 비해 요즘 젊은이들은 못하는 게 없는 팔방미인이 많다. 나의 신입 사원 시절만 해도 외국어 잘하는 직원이 드물었다. 영어를 조금 한다고 알려지면 중요한 외국 손님이 왔을 때, 서울 시내 관광 안내요원으로 발탁되어 실력을 인정받고, 그로 인해 진급도 빨랐다는 전설 같은 이야기가 있다. 하지만 최근에는 능숙하게 외국어를 구사하는 젊은이들이 수없이 많다. 아예 외국에서 태어났거나 상당 기간 거주한 사람도 많다. 갖가지 자격증을 따거나 유명 기업에서 인턴을 한 경력이 있으면 '스펙'이 된다지만 그런 사람들 역시 많다.

　입사 면접을 하다 보면 지원자들의 스펙이 상향 평준화된 것을 체감한다. 그런 사람들과 경쟁해 입사에 성공한 너는 대단한 사람임에 틀림없다.

　하지만 입사한 이상 너는 '그들 중 한 명'일 뿐이라는 것을 기억해야 한다. 새로운 경쟁이 시작된 것이다. 그런 점에서 어떤 일을 하든 두각을 나타내는 것이 중요하다.

　과거 우리 사회는 아무도 모르는 곳에서 묵묵히 자신이 맡은 임무를 완수하는 사람들의 성실성을 높이 사곤 했다. 그런 사람들이 기업의 탄탄한 기반을 닦은 것도 사실이다.

　하지만 지금은 자기 PR 시대다. 그야말로 이미지를 파는 시대란 뜻이다. 너의 존재감이 드러날 수 있도록 노력해야 한다. 회사는 네가 학교에서처럼 묵묵히 자기가 해야 할 일만 열심히 한다고 해서 좋은 성적을 주는 건 아니다. 그런 의미에서 적극적일 필요가 있다.

　묵묵히 책임감을 갖고 일하는 것도 좋지만 실력이 비슷한 사람들끼리 있을 때에 두각을 나타내지 못하면 묻히고 만다.

　이때 필요한 것이 적극성이다. 그렇다고 주변 사람들이 불편해할 정도로 무례하게 행동하라는 의미가 아니라 자신의 존재감을 분명하고 논리적으로 드러내라는 것이다.

　'최근 내가 어떤 일을 추진하고 있으며, 그 일의 어려움은 이러이러하다. 내가 어떤 식으로 그 난제를 풀려고 하니 지원을 부탁드린다'는 식이면 좋다. 꺼리거나 어려워하지 말고 적극적인 태도를 보여라.

　진급할 때도 마찬가지다. 대리, 과장 같은 초급 직급에서는 인사고과 같은 정량화된 기준을 바탕으로 진급이 이루어지지만 임원급으로 승진하려면 다른 차원의 재능이 요구된다.

　임원급은 우선 진급시킬 대상이 매우 제한적이다. 인사고과를 참고하되 평소 이미지나 능력 같은 전반적인 사항을 참고한다. 이때 경영진의 머릿속에는 평소 존재감이 강한 사람, 즉 당찬 면이 있는 사람이 먼저 떠오른다. 대부분의 인사는 이렇게 이루어진다고 봐야 한다.

비슷한 역량을 지닌 인재들 중 누가 최고의 역량을 이끌어낼 사람인가가 관건이다. 적극적으로 행동한다면 자신의 능력을 100퍼센트 발휘할 기회를 잡을 수 있다. 또한 자신이 행한 업무를 홍보함으로써 더 많은 지원도 받을 수 있다. 성공 확률이 높아지는 것이다. 물론 적극성이 정도를 넘어서면 주변에서 거부감을 가질 수 있으니 조심해야 한다.

나비넥타이로 면접관을 녹아웃시키다

나는 직원 채용을 위해 면접을 20년 동안 진행해봤다. 신입 사원 면접은 재미있지만 조금 어렵다. 이에 빈해 경력 사원 면접은 단순하다. 몇 가지 포인트만 물어보면 후보의 능력이 어느 정도인지 가늠이 된다. 그 외에 업계의 지인 몇 명에게 전화해서 평판을 알아보면 금세 파악이 된다. 업계가 좁기 때문이다.

반면 신입 사원의 능력을 파악하기 어려운 이유는 그 사람의 학력이 미래의 업무 능력을 판단할 잣대로 볼 수 없기 때문이다. 업무 경험도 없고, 지원자 자신도 무슨 일을 하게 될지 모르니 더욱 난감하다. 이것저것 물어보지만 여전히 모호하다.

멋진 외모에 좋은 목소리를 가진 사람을 뽑아야 할까? 아니면 재치 있게 말 잘하는 사람이 우리 회사에 잘 맞을까? 후보가 많을수록 더욱 헷갈리고 괴로울 뿐이다. 개중에는 스펙이 화려하고 모든 면이 수려해 어느 회사에 지원해도 합격이 가능한 지원자도 있지만, 그를 합격시킨다고 해서 우리 회사로 출근할지는 의문이다. 그런 사람은 웬만한 회사라면 모두 합격시킬 정도로 잘난 지원자이기 때문이다. 이런 사람을 합격시켜야 하나, 아니면 아예 배제해야 하나. 그래서 신입 사원 면접은 곤혹스럽다.

제자 중에 재미있는 친구가 있었다.

한번은 회사 면접을 보러 가기 때문에 이번 주 수업에 출석을 못할 것 같다고 연락이 왔다. 4학년 2학기인데 취업만큼 중요한 게 어디 있겠는가. 서류 전형에 통과한 회사는 괜찮아 보였다. 말이 나온 김에 물었다.

"경쟁률은 어느 정도 되나?"

"서류 전형에 통과한 사람이 굉장히 많다고 합니다."

"그럼 어떻게 할 거야?"

"경쟁에서 이겨야겠죠."

"그래, 필승 전략이 뭐냐 말이지."

"경쟁이 심하니까 우선 면접관의 눈에 띄어야겠죠. 하지만 별다른 아이디어가 없어요. 옷을 특이하게 입을 수도 없고…."

그 말을 듣는 순간 갑자기 영화의 한 장면이 떠올랐다. 윌 스미스 주연의 영화 〈행복을 찾아서The Pursuit of Happiness〉였다.

그 영화에는 이런 에피소드가 나온다. 어린 아들을 어렵게 혼자 키우며 외판원 일을 하며 살아가던 주인공 크리스(윌 스미스 분)는 우연히 길에서 만난 사람의 소개로 한 유명 투자은행으로부터 면접을 보자는 연락을 받고 좋아한다. 그런데 당일 오전, 마침 집에 페인트칠을 하다가 주차료 미납 건으로 파출소에 소환돼 조사를 받게 되었다. 시간이 촉박하다 보니 그는 페인트칠을 하던 작업복 차림으로 면접장에 뛰어갔다. 이를 본 면접관들은 어처구니없다는 듯, 하지만 냉정히 물었다.

"크리스, 자네라면 와이셔츠도 안 입고 면접 보러 온 녀석한테 뭐라고 할 건가? 그리고 내가 그를 고용한다면 자네는 뭐라 얘기할 건가?" (속으로) '객관적으로 내가 자네를 고용해야 할 이유를 알려주게나'

"'이 친구, 바지 하나는 진짜 멋진 것을 입고 왔네' 하지 않았을까요?"

이런 당돌한 대답을 듣고 모두 웃었다. 까다로운 질문에 적절한 현답이었다. 주인공은 취업에 성공했다. 눈에 띄는 복장, 재치 있는 언변, 한 번의 큰 웃음. 그를 잊기는 어려웠을 것이다.

내가 영화 이야기를 하자 제자가 물었다.

"면접에 나비넥타이를 매고 가면 어떨까요? 너무 오버하는 걸까요?"

"지금 오버하자고 궁리하는 게 아니었나?"

제자는 결국 나비넥타이를 매고 면접장에 갔다. 그리고 합격했다. 대기할 때부터 인사 담당 직원들의 시선을 끌었고, 면접관들 역시 희한하고 재미있는 괴짜 젊은이를 보고 웃었다. 면접 분위기는 시종일관 좋았다고 했다. 물론 그가 나비넥타이를 맸다고 합격한 것은 아니다. 그의 면접 태도, 답변 등에서 남다른 점이 있었기에 가능했을 것이다. 게다가 나비넥타이는 비슷한 스펙의 최상위권 지원자 중에 그의 존재를 더욱 돋보이게 연출해주었음을 알 수 있다.

생색이 날 만한 일에 나서라

똑같은 시간을 투자하더라도 적당히 생색이 나는 일, 혹은 생색을 내며 할 수 있는 일을 해보는 것이 좋다. 예를 들어 어려운 일은 아니나 귀찮은 일, 예컨대 회사의 전 직원 혹은 팀을 위해 봉사하는 일에 나서보는 것이다. 프레젠테이션을 돕는다든지, 체육대회에 선수로 나간다든지, MT 가서 팀 대표로 무언가를 하는 것도 좋다. 별달리 잘하지 않아도 한번 해보는 거다.

그 밖에 자기 고유의 색깔로 노래 부르기, 악기 연주 등의 특기를 익혀 주변 사람을 즐겁게 할 수도 있다. 또 유명인과 인맥을 쌓아두는 것도 좋다. 이런 일들은 자신의 존재감을 알릴 수 있는 중요한 기량이다.

주변을 둘러보면 존재감을 드러내기 위해 애쓰는 사람들이 그다지 많지 않다. 눈앞에 일이 산더미같이 많다 보니 거기까지 생각이 미치지 못하는 것이다. 튀는 것에 대한 부담감을 느낄 수도 있다. 하지만 이제는 적극적으로 존재감을 드러내는 사람이 살아남는 시대가 됐다. 시원하게 나가는 거다.

존재감이 있는 사람은 항상 주변 사람들에게 인정받고, 그에 상응하는 보답을 받는다. 요즘처럼 고스펙 사회에서 그저 묵묵히 자기 일만 한다는 것은 너무나 비효율적이다. 조직에서 뚜렷한 존재감을 드러낼 수 있는 사람, 당찬 인재가 되어라. 군계일학처럼!

잡무는 절대
잡스럽지 않다

● ● ●

　신입 사원의 업무 중에는 잡무가 많다. 경력 사원의 업무도 그렇지만 신입 사원 때에는 거의 모든 일이 잡무에 가깝다. 일상적으로 하는 잡무를 열거하자면 체크 리스트에 체크하기, 사무용품 구입하기, 전화 응대하기, 손님에게 차 접대하기, 파일 정리하기까지 종류도 다양하다. 그런 일을 할 때 가끔은 짜증이 나더라도 그 또한 업무의 일환이고, 선배들도 모두 거쳐간 과정이라는 걸 명심해야 한다.

　회사라는 곳은 결코 중요한 일 위주로만 굴러가진 않는다. 회사를 굴러가게 하는 힘은 잡무 하나하나가 모여서 힘을 발휘한다. '저도 기획 일을 해보고 싶어요. 기획 자료를 수정하는 일은 더 이상 하고 싶지 않아요. 저는 부가가치가 높은 인재라니까요'라고 반발해서는 안 된다.

　중요한 일이든 사소한 일이든 맡은 일을 제대로 해야 한다. 큰 계약이 중요하듯 계약서상의 작은 조항들도 중요하기는 마찬가지다. 특히 사원,

대리급일 때 디테일한 면에 강한 면모를 보여주어야 한다. 보고서의 철자며 숫자도 철저하게 검토해 자신이 한 일에 신뢰를 갖게 하라.

디테일의 중요성은 세상의 모든 일에 적용된다. 가끔 TV에서 소개되는 맛집을 보면 조리법에 엄청난 디테일이 숨어 있다. 반죽을 만드는 재료의 비율, 반죽하는 물의 온도 등등 매우 복잡하다. 그렇게 세부적인 부분까지 철저하게 관리하기 때문에 평준화된 맛을 내는 요리를 판매하는 것이다.

반면 흔히 말하는 쪽박집들의 공통점이 있다. 이런 쪽박집들은 디테일에 약하다. 주방을 오가는 부부 사이에도 음식 간을 하는 방법이 다르고, 요리법도 수시로 달라진다. 그러니 매번 맛이 달라지는 것이다.

회사도 마찬가지다. 모든 업무는 디테일에서 시작해 디테일로 끝난다. 만약 네가 디테일에 약하다면 동료들 사이에서 같이 일하기 어려운 사람으로 낙인찍힐 수 있다. 신입 사원은 회사나 팀의 일에 중요한 결정을 할 일은 없다. 디테일이 요구되는 자잘한 업무에서 업무 성과가 판가름 난다. 절대 2퍼센트가 부족하다는 말을 들어서는 안 된다.

"저 친구는 손끝이 야무져"라는 말을 듣는 것을 목표로 삼아라. 또한 '사람들은 큰일에 만족하지만 작은 일에는 감동한다'는 말도 기억해라. 부디 '대충대충'이라는 말은 집에 두고 나오기 바란다.

팩스를 보내면 상대방의 수신 여부를 확인하라

내가 신입 사원이었을 때의 일이다. 하루는 부장이 서류를 주며 거기 적힌 번호로 팩스를 보내라고 했다. 나는 팩스를 보내고 나서 하던 일을 계속했다. 한 시간이나 지났을까, 부장이 나를 불렀다.

"일을 어떻게 그렇게 하나? 하려면 제대로 해야지."

"예? 무슨 일로 그러시는 건가요?"

"팩스 보내라고 했는데, 그런 간단한 일도 제대로 못하면 어떡하나."

"저는 분명히 보냈습니다."

"상대방이 서류를 왜 안 보내느냐고 이만저만 화를 내는 게 아닌데?"

"아닙니다. 분명히 보냈는데요."

팩스를 확인해보니 무슨 영문인지 전송 실패로 되어 있었다.

이런 일은 직장 생활을 하다 보면 자주 일어난다. 나는 분명히 그 일을 실행했지만 결과적으로 오류가 난 것이다. 제대로 실행했는데 오류가 난 것도 기분 나쁘지만, 겨우 이런 일로 야단을 맞으니 더 속상하다. 하지만 회사 입장에서는 사소한 잘못이 크게 일을 그르칠 수 있기에 주의해야 한다. 잘못을 방지하려면 어떻게 해야 할까.

일반 우편이나 택배 서비스와 달리 팩스는 상대방에게 제대로 전달되지 않는 경우가 있다. 내 쪽과 상대 측의 기계 오류일 수도 있고, 일시적인 장애가 발생할 수도 있다. 그래서 팩스를 보낸 뒤에는 반드시 상대방이 잘 받았는지 전화로 확인해야 한다. 이런 일은 상대방으로부터 잘 받았다는 응답을 들어야 종료된다. 확인 후에 상사에게 '거래처에서 잘 받았다고 했습니다'라는 보고까지 하면 금상첨화다.

회사 업무를 보면서, 자신이 한 일의 결과에 대해 확인하지도 않고 내버려두는 것은 좋지 않은 습관이다. 이는 신입 사원뿐 아니라 경력 사원들도 왕왕 저지르는 실수이기에 기억해두기 바란다.

나와 회사의 인상을 좌우하는 전화 응대법

신입 사원 시절의 일이다. 하루는 점심시간에 혼자 사무실에 남아 업무를 보고 있었다. 그러다 보니 걸려오는 전화를 모두 혼자 받았는데, 같은 팀의 대리를 찾는 전화가 서너 번쯤 왔다. 목소리가 똑같은 걸 보니 같은 사람인 것 같았다. 처음 전화를 받았을 때 누구냐고 물었지만 상대방은 또다시 전화하겠다고만 하고 끊었다. 같은 사람으로부터 다시 전화가 걸려왔지만 상대가 누군지 묻지 않았다.

"아니, 전화를 어떻게 그렇게 받나? 누군지도 모르는 사람의 전화가 걸려왔다는 얘기는 왜 하는 건가?"

그는 대뜸 전화가 왔었다는 말을 하는 나에게 화를 냈다. 알고 보니 점심시간에 만나기로 한 거래처 직원이 갑작스럽게 일이 생겨서 약속 장소로 가지 못했고, 그걸 알려주기 위해 전화한 것이었다. 대리는 바람 맞은 짜증을 나에게 풀었고, 나는 할 말이 없었다.

요즘은 누구나 휴대전화를 들고 다니기 때문에 이 같은 일은 거의 없다고 봐도 된다. 그러나 회사로 걸려오는 전화를 받는 일은 매우 중요하다. 당시 상황에서는 내가 전화를 잘 받았다고 해서 그 대리에게 약속이 취소됐다는 사실을 알려줄 방법은 없었다. 휴대전화가 없었기 때문이다. 하지만 내가 제대로 전화를 받았다면 최소한 업무가 소홀했다는 비난은 면했을 것이다.

회사 용무로 전화를 받을 때, 그것이 나 아닌 다른 사람을 찾는 전화일 때에는 최소한 전화를 건 상대방의 이름과 연락처 정도는 알아두어야 한다. 그리고 그 사실을 메모지에 적어 당사자에게 잘 전달하도록 하라.

학교에서 시험 볼 때는 답을 완전히 몰라도 아는 만큼만 쓰면 부분적으로 점수를 받을 수 있다. 그러나 회사 업무는 되면 되고 안 되면 안 되지, 부분적으로 인정되는 경우는 없다. 따라서 어떤 일을 하더라도 완벽하게 해야 한다.

커뮤니케이션에서 중요한 것은 말하지 않는 것을 듣는 능력이다.
- 피터 드러거

STEP 3

10년 차 직장 선배도 무릎 꿇는 커뮤니케이션 능력

다른 어떤 것보다
쉬운 소통 수단은 언어다.
말하라, 네가 그를 제대로 볼 수 있도록.

- 벤 존슨

나날이 성장하라,
더 나은 세상을 만들기 위해서
네가 할 수 있는 유일한 일이니까.

– 루트비히 비트겐슈타인

사람 사귀는 것,
능력보다 노력이다

••••

'거울은 먼저 웃지 않는다'라는 말을 들어봤을 것이다. 사람 관계도 이와 같다. 누군가와 친해지려면 내가 먼저 마음을 열어야 한다. 그러기 위해서는 누군가와 같이 있을 때 편안한 마음을 갖는 것이 중요하다.

지방 사무소와 협조해 진행할 마케팅 건으로 두 명의 직원(A, B)을 파견한 적이 있었다. 둘 다 유능하다고 평가받은 사람들이었다. 그들은 업무를 성공적으로 마치고 복귀했다. 그 후 다시 그 사무소와 협조할 일이 있어 직원 A에게 그 일을 하도록 지시했는데, 업무가 썩 부드럽게 진행되지 않았다.

이후 또 다른 업무 건이 있어 그 사무소에 갔던 직원 B에게 지시를 내렸다. 그는 전화기를 붙잡자마자 사무소 직원과 즐겁게 인사를 나누었다. 전화 속의 그 직원도 큰 소리로 함께 웃는 것 같았다. B는 그 사무소의 업무 담당자와 전화로 한참 대화를 나누었다. 파견을 나가 있던 그 짧은 기간 동안 많이 친해진 것이다. 당연히 업무는 일사천리로 진행되었다.

직원 A가 업무 능력이 없는 것은 아니었다. 다만 사교성 차이였다. 사교성은 단순히 인간의 성향 문제로 분류되지만 일을 할 때는 큰 차이를 만들기도 한다. 대부분의 회사 업무는 그 일이 회사에 수익을 얻게 해주느냐 않느냐의 여부에 따라 진행되는데, 여기에는 인간적인 친밀감도 크게 작용한다. 모든 것이 사람이 하는 일이기 때문이다.

흔히 사람을 쉽게 사귀는 것을 능력이라고 한다. 그러나 나는 노력 여하에 따라서 얼마든지 사람 사귀는 기술도 단련될 수 있다고 말하고 싶다. 신경을 쓰는 만큼 사람 사귀는 실력이 는다. 여기서 사람 사귀는 기술이란 '진심'과 '관심'이다.

사람들이 공감할 만한 대화 주제를 접수하라

한때 내가 근무했던 한 회사에서는 신입 사원이 들어오면 반드시 과장이나 차장급 직원들로 하여금 몇 달간 일대일로 멘토링을 하도록 했다. 나중에 멘티인 신입 사원들에게 무엇을 느꼈는지 물어보면 빠지지 않는 것이 바로 멘토들의 사교성이었다.

"제 멘토님은 진짜 모르는 게 없어요. 한번은 고객과 약속이 늦어 택시를 탔는데, 택시 기사와 이런저런 이야기를 나누었어요. 별별 주제가 다 나왔어요. 처음에는 길 찾는 이야기를 하다가, 최근의 교통 체증으로 주제가 바뀌었죠. 다음에는 택시요금제 이야기를 했는데, 어떤 주제에 대해서도 막힘없이 대화를 이어가더군요. 하도 자연스럽게 대화를 해서 택시에서 내린 뒤 멘토님에게 기사분과 아는 사이냐고 물었죠. 그러자 멘토님은 오히려 저를 이상하게 보더군요. '내가 어떻게 알겠느냐'는 듯이 말이죠."

앞서 '외향성을 개발하라'에서도 이야기했듯이 사회생활을 하면 학생 때와는 달리 누구하고나 일상적 대화를 나눌 수 있을 정도의 오지랖이 필요하다. 누구를 만나든 어떤 주제로 대화를 하든 막힘없이 대화를 나누기 위해서는 오지랖 외에도 사회에서 일어나는 다양한 일에 관심을 갖고 대화할 소재를 발굴해야 한다.

그런 정보는 어디서 얻어야 할까. 신문이며 인터넷, 그리고 네가 만나는 사람들과의 대화다. 학교 다니는 내내 너희들은 '신문을 읽어라'라는 잔소리를 들었을 테지만 아마 한쪽 귀로 흘려듣고 말았을 것이다. 하지만 이제는 정말 신문을 읽어야 한다. 사회에는 사회인들의 관심거리가 있고 화제가 있다. 다른 사람은 다 아는 걸 너만 몰라서는 안 된다.

그동안 관심이 없었던 사회적 이슈에도 관심을 갖길 바란다. 최근 이슈가 되었던 정부가 발표한 정책은 무엇이 문제인지, 카드사 정보 유출은 무엇이 문제인지, 매년 여름이면 겪게 되는 전력대란의 근본 문제는 무엇인지 정도는 알아야 한다. 이는 사람들과의 원활한 소통을 위해서이기도 하지만 네가 몸담고 있는 사회가 그런 정보를 필요로 하기 때문이다. 타인과 원활한 대화를 나누려면 네가 해야 할 이야기에 대한 정확한 내용을 알고, 명확한 어법으로 상대에게 들려줄 수 있어야 한다. 그러니 갖가지 이슈를 대할 때는 간단하게 요약해서 설명하는 요령을 갖추도록 해라.

하지만 민감한 정치적 주제나 종교적인 이슈는 되도록 피하는 게 좋다. 정치나 종교적 성향이 달라서 충돌이 일어날 경우 대화를 안 하느니만 못한 경우가 생길 수 있다.

질문을 두려워하지 마라

직장 생활을 하는 동안 네가 가장 많이 커뮤니케이션하는 사람은 누구일까. 틀림없이 네 옆에 앉은 또래의 직원일 것이다. 다음으로는 몇 년 선배, 그리고 평소 대화하기 껄끄러운 팀장 순으로 이어질 것이다. 하지만 이는 잘못되었다. 가장 좋은 대화 상대는 팀장, 선배, 동기 순의 역배열이 신입 사원을 위해 훨씬 효율적인 커뮤니케이션 순서다.

상사, 즉 팀장과의 대화는 일방적일 수가 있다. 사소한 지시부터 전달사항까지 위에서 아래로 내려주는 소위 톱다운 커뮤니케이션이 상당 부분 차지한다. 부하 직원들은 특별히 마음에 걸리지 않는 한 따로 질문을 하지 않는다. '시키는 대로 하면 되지. 질문할 필요가 있을까' '허디가 안 되면 그때 물어보지 뭐' 따위로 생각한다.

우리 사회의 교육 시스템에서는 상사에게 질문하는 것을 겸연쩍게 여긴다. 요즘은 학교에 따라 학생 수가 너무 적어 문제가 되는 곳도 있지만 1970~1980년대만 해도 한 교실에 50~60명의 학생들이 앉아 있었고, 선생님은 수업 진도 나가기에 바빴다. 따라서 질문의 기회가 거의 주어지지 않았으므로 우리에게 질문은 아직도 어색하다. 주입식 교육의 폐해 때문인지 몰라도 우리나라 직장인은 질문을 잘하지 않는다.

협상과 관련한 데이터에 의하면 질문 잘하는 사람이 협상주도력을 갖게 된다고 한다. 반대로 상대방에게 질문을 하지 않는 사람은 협상을 제대로 못한다는 사실이 밝혀졌다.

"그쪽에서 제시한 가격은 어떻게 계산하신 건가요? 저희가 예상했던 것보다 많이 초과하는데요?"

"아! 우리 가격에 대해서는 드릴 말이 없습니다. 가격이 맞으면 사고 안 맞으면 안 사면 되죠."

이런 식으로 대응하면 상대는 껄끄러워 더 이상 대화를 진척할 수가 없다. 세계적인 협상의 달인이라고 알려진 중국 기업가들은 독일 기업가들보다 협상 테이블에서 질문을 세 배나 더 많이 한다고 한다. 상대방에게서 억지로 정보를 얻어내려 하기보다 상대를 잘 이해하기 위해 그만큼 노력한다는 것이다. 그들은 질문을 통해 상대방의 이해관계를 알아보고 서로 원원하는 해법을 찾아 협상을 성공적으로 이끌어낸다.

질문이란 결국 쌍방 간의 커뮤니케이션이다. 만약 한쪽에서 일방적으로 발언을 한다면 이는 좋은 대화가 아닌 시간 낭비일 뿐이다.

질문 없는 사람은 생각도 없다

수업을 마치면 언제나 교수에게 찾아오는 학생들이 있다. 먼저 지각한 학생들이 출석 정정을 해달라고 온다. 다음으로는 지난주 혹은 지지난주에 출석하지 못한 증빙 서류를 제출하는 학생들이다. 그리고 다음 순서가 오늘 강의한 내용을 질문하는 학생이다. 두어 명이 되지 않는다. 두 눈을 마주치고 몇 분간 질문과 대답을 했을 뿐이지만 내가 준비해간 강의 내용에 관심을 갖고 질문하는 학생을 만나면 고맙기도 하고 보람도 느낀다.

질문을 받은 이후부터 이들에게 관심을 갖고 지켜보게 된다. 시험 채점을 할 때도 그들의 답안을 유심히 보게 된다. 평소 내 과목에 관심을 갖고 공부한 학생이므로 얼마나 답안을 잘 썼는지가 궁금하기도 하다.

회사에서도 마찬가지다. 팀장 등 상사로부터 일을 맡아 진행할 때 그 일에 대해 의문 사항이 없다면 이상한 일이다. 신입 사원 때는 궁금한 것, 모르는 것투성이다. 질문거리가 많아야 정상이다.

동기나 선배들에게 물어서 처리할 수도 있지만 웬만하면 팀장에게 질문해보아라. 단, 팀장이 업무 처리하느라 눈코 뜰 새 없이 바쁠 테니 너무 많은 시간을 빼앗지 않도록 질문 목록을 메모해두어 한꺼번에 해라. 그러면 팀장은 네가 질문한 내용을 귀에 쏙쏙 들어오게 잘 가르쳐주는 것은 물론이고 물어보지도 않은 자신만의 노하우까지 가르쳐줄 것이다. 경험을 통해 체득한 노하우는 값진 것이다.

하지만 기본적으로 일을 지시한 사람의 의도를 정확히 파악하는 것이 중요하다. 예를 들어 팀장이 "A씨, 경쟁사 제품의 시장 반응에 대해 알아봐주세요" 한다면 어떻게 해야 할까. 아마 너는 "예, 알겠습니다"라고 씩씩하게 답한 후 빨리 인터넷을 찾든지 신문 기사를 찾든지 할 것이다. 인터넷에는 정보가 많으니 꼬박 이틀 동안 이들 정보를 정리해 팀장에게 보고한다. 그런데 팀장이 "내가 생각한 건 이게 아닌데. A씨, 이거 다시 해야겠어요. 상품별로 시장 반응을 한 장의 표로 체계적으로 만들어 오세요. 이렇게 정리되지 않은 정보는 쓸모가 없습니다" 하고 말한다. 상사의 이런 말을 듣고 아마 너는 자리로 돌아와 "아니, 진작 그렇게 지시할 것이지. 죽도록 일하고 있을 때는 아무 말도 하지 않다가" 하며 씩씩거릴 것이다.

그렇다면 이 일은 애당초 무엇이 잘못된 것일까? 팀장이 지시를 잘못 내린 것일까? 그가 잘못 지시한 탓도 있다. 하지만 일을 지시하는 사람은 일을 지시받는 사람이 자신의 생각을 제대로 이해하고 있다고 생각하는 경향이 있다. 또 팀원에게 지시해야 할 일, 자신이 직접 해야 할 일로 넘쳐나는 상황에 친절하고 상세하게 설명해줄 상사는 내 경험으로 한 명도 없었다.

그런 때는 어떻게 해야 할까? "A씨, 이번 경쟁사들의 시장 반응에 대해 알아봐 주세요"라고 했을 때 "예, 알겠습니다"라고 답을 한 후 바로 물어야 한다. "그런데 팀장님, 어떤 부분을 중점적으로 알아볼까요?" 내지는 "알겠습니다. 그런데 그 정보는 무엇에 쓰려고 하는지 여쭤봐도 될까요?" 하고 되물어야 한다. 그러면 상사는 자신의 의도를 자세하게 설명해줄 것이다. 물어봤다고 대뜸 화부터 내는 팀장이 있다면 그는 문제가 있는 상사다.

간혹 팀장도 자신의 생각이 여물어 있지 않은 상황에서 지시를 내리는 수도 많다. "생각해보니 조금 막막하겠는데 우선 경쟁사 제품을 전반적으로 정리해서 어떤 기준으로 조사를 할 것인지 나한테 보고해주겠나? 나도 알고 싶은 정보는 많은데 당장 생각이 정리가 안 되네" 이렇게 나올지도 모른다. 그러면 조사하고 나서 중간 보고할 때 너의 의견을 피력한 후 팀장의 지시를 받아 마무리를 짓는 것이다.

이렇게 일이 순조롭게 되면 일이 많아도 너의 직장 생활은 선순환하게 마련이다. 팀장도 원했던 결과물을 가지고 온 너를 신뢰하게 될 것이다.

그런데 아까처럼 "아니, 진작 그렇게 지시할 것이지. 일할 때는 아무 말도 하지 않다가" 하며 씩씩거리는 일이 많아지면 많아질수록 직장 생활이 재미가 없어진다. 팀장과 코드를 잘못 맞추는 자신도 불안하고, 올바른 지시를 내리지 못하는 팀장도 미울 따름이다.

이런 사태를 막기 위해서는 어떻게 해야 할까? 질문을 해라! 너무 질문을 자주 하는 것 같으면 눈치 봐가며 질문해라. 지시자의 의도를 정확하게 파악하기 전까지는 웬만하면 일에 착수하지 마라. 엉뚱한 일을 하는 것은 나 자신도 힘들지만 팀장으로서도 당혹스러운 일이다. 팀장은 팀장대로 '내가 질문을 잘못했나? 왜 내 의도를 그렇게 못 알아듣는 거지? 이 친구가 머리가 나쁜가?'라고 생각할지도 모른다.

말이 나온 김에 한 가지 예를 더 들어보자.

"내가 바빠서 그러는데 이것 다섯 부씩 복사해줘" 하며 팀장이 A4 용지 5쪽짜리를 너에게 들이밀었다고 가정해보자. 그 종이는 스테이플러가 찍혔던 자국은 있지만 지금은 묶여 있지 않다. 그러면 너는 "예, 알겠습니다" 하고 바로 복사를 하러 갈 것이다. 매우 단순한 일이지만 이런 일도 제대로 커뮤니케이션을 해야 한다. 그렇다고 "팀장님, 이거 복사해서 무엇에 쓰실 건가요?" "팀장님, 이걸 어떤 식으로 복사할까요?"라는 질문은 하지 않을 것으로 믿는다. "스테이플러로 찍어 올까요?" 하는 질문은 가능하다. 하지만 이 질문 역시 실제 팀장이 바라는 것과 다를 수 있다. 이번에는 조금 색다르게 질문해보자.

일단 너는 1, 2, 3, 4, 5의 순으로 다섯 부씩 가로세로 엇갈리게 정리해서 원본과 함께 팀장에게 가져갈 것이다(설마 복사기에서 나오는 대로 가져가지는 않을 것으로 믿는다). 원본에 스테이플러 자국이 있다는 것은 서류가 묶음으로 존재했을 가능성이 높다. 하지만 내용을 모르는 네가 섣불리 복사한 프린트물을 스테이플러로 찍어가면 안 된다. 그럴 때는 이렇게 해보아라.

가로세로 엇갈린 다섯 부를 왼손에 들고, 오른손에는 스테이플러를 들고 팀장에게 가는 것이다. "팀장님, 복사 다했습니다. 이거 스테이플러로 찍을까요?"라고 물었을 때 팀장이 "아니, 그렇게 하지 마. 저기 테이블 위에 있는 프린트물 중에서 오·탈자가 난 쪽수 다섯 장을 복사한 것이니 그것들로 교체해서 끼워줘" 하면 "네!" 하고 실행하면 만점이다. 아니면 팀장이 "그래, 스테이플러로 찍어서 줘" 하면 바로 그 자리에서 찍으면 된다. 이처럼 사소한 일도 팀장과 너 사이에 긴밀한 커뮤니케이션이 이루어진다면 일이 즐겁다. 요는 질문을 하되 부드럽게 상황에 맞춰 하라는 것이다.

업무 외의 일에서도 질문은 상사와의 원활한 커뮤니케이션을 위한 좋은 수단이 된다. 상사가 좋아하는 화제를 미리 알아두는 것도 좋다. 지적인 대화를 좋아하는지, 시사적인 내용을 좋아하는지, 업무 이야기를 하고 싶어 하는지 평소 대화 내용을 귀담아 듣도록 해라. 미리 알아두면 도움이 된다.

아랫사람이 자신에게 관심을 갖고 대화를 청하는 걸 마다할 상사는 없다. 대화가 적으면 그만큼 상호 이해 부족으로 많은 오해를 낳아 회사 생활이 힘들어질 수밖에 없다.

직장에서 팀워크가 좋은 팀을 보면 대부분 팀원들끼리, 또 팀장과도 대화가 많다. 실적이 좋으니까 기분이 좋아서 대화한다고 생각하겠지만 대화를 많이 나누어서 실적이 좋은 것인지도 모른다. 만약 네가 속한 팀이 절간처럼 조용하다면 노력해서 분위기를 바꾸어야 한다. 너는 회사에 새 바람을 몰고 온 신입 사원이니까.

'눈치'를 개발하라

선배 직원의 거래처에서 손님이 찾아왔다고 가정해보자. 선배는 회의실에 앉으며 마실 음료를 뭘 준비해야 할지 몰라 쩔쩔매고 있다. 이때 네가 과감히 다가가 "뭐 따뜻한 것 드시겠어요? 커피하고 녹차가 있습니다. 저희 사무실 커피가 다들 맛있다고 하는데 어떻습니까?"라고 해봐라. 선배가 몹시 고마워할 것이다.

만약 네가 나서지 않는다면 선배는 아무리 네가 신입 사원이라 해도 마음 편하게 차를 부탁하기는 어려울 것이다. 그렇다고 선배가 커피나 차를 타느라 자리를 비우면 그동안 손님은 멀뚱멀뚱 혼자 앉아 있어야 한다. 이런 상황을 만든다는 것은 아무리 친한 거래처 직원이라 해도 예의가 아니다. 이 정도의 눈치는 생각을 가지고 주변을 관찰하다 보면 자연적으로 생긴다.

사실 나 역시 어린 시절 아무 생각 없이 살았다. 특별한 어려움이 없었기에 주변에 눈치를 살필 일이 없었다. 하지만 직장 생활을 하다 보면 저절로 눈치가 생기게 된다. 빨리 생기는 사람도 있고, 나이가 들어서도 눈치가 없는 사람이 있다. 나이가 먹어서도 눈치가 없는 사람은 주변 사람들에게 좋은 인상을 주지 못한다. 따라서 눈치라는 것도 개발이 필요하다. 주변 사람들을 배려하다 보면 눈치는 저절로 생긴다.

무엇보다 이 '눈치'라는 것은 커뮤니케이션에 윤활유 같은 요소로 작용한다. 이미 앞에서도 말했듯 질문도 눈치 봐가면서 해야 하고, 대화를 하는 것도 눈치를 봐가면서 해야 하며, 다음 단계에 무슨 일을 할 것인지도 눈치를 봐가며 준비하라고 말하고 싶다. 직장에서는 항상 상사나 주변 사람들의 행동 또는 말에 적당히 관심을 갖고 지내는 것이 좋다. 그렇다고 주변 상황에 너무 예민하게 반응할 필요는 없다.

Accountability!
책임지고 설명하라

• • •

앞서 우리나라 교육 시스템에 대해 이야기했는데, 내친김에 한 가지 더 추가하고 싶다. 우리나라는 다른 사람과 소통하는 능력에 대한 교육 기회가 거의 없다. 입학 시험 위주의 주입식 교육체계에, 토론보다는 글을 써내는 시스템이다 보니 사람들이 타인과 어울려 토론을 하거나 대화를 나누는 데 어려움을 겪는다.

경력 사원인 B는 대리 진급을 앞두고 있다. 현재 팀에서는 향후 회사의 먹거리 마련을 위해 신사업을 찾고 있다. 신사업 프로젝트에는 팀장뿐 아니라 임원, 대표이사까지 모든 이의 관심이 집중되어 있다. 하루는 B가 임원실에 팀장과 함께 들어가 지금까지의 진행 상황을 설명해야 했다. 두 사람이 자리에 앉자마자 임원이 이렇게 말했다.

"자네가 담당자인가? 결론은 한 마디로 무엇인가?"

"예? 결론 말입니까? 그게…."

"결론이 뭐냐니까?"

"먼저 현재 상황부터 말씀드리자면…."

"결론도 없이 왔나? 딱한 친구 같으니라고. 돌아가서 다시 준비해와요."

내 생각이지만 우리나라를 비롯한 동양 문화권 사람들은 말을 하는 것보다 침묵을 더 값지게 여기는 풍토 속에서 살아왔다. 특히나 옛날에는 신분제와 장유유서(長幼有序, 어른과 아이 사이에 순서와 질서가 있다는 의미) 이데올로기가 뿌리 깊이 남아 있어 신분이 높거나 나이가 많은 사람에게 쉽게 말할 수 있는 분위기가 아니었다.

유교 이전의 불교문화에서도 말을 적게 하도록 강요하는 설법이 있었다. 옛 고승의 어록에 개구즉착開口卽錯이란 말이 있는데, '입을 열어 말을 하는 순간 그 말은 틀린 것이다'라는 뜻이다. 진리나 지혜는 말로 표현할 수 없고 오직 깨달음을 통해서만 깨칠 수 있으니, 말을 적게 하라고 강조했던 것이다.

이러한 문화가 계속 이어지고, 여기에 주입식 교육의 폐해가 더해지다 보니 자기 생각을 체계적으로 밝히는 것을 부담스러워하는 사람들이 많다.

나는 학기 초에 먼저 내 소개를 한 후 모든 수강생들에게 한 명씩 교단에 나와 간단히 자기소개를 하도록 하고 있다. 이를 통해 개인에 대한 기본적인 정보도 얻고 그들이 내가 맡은 과목에 갖는 기대치도 알아볼 겸해서이다.

그런데 많은 학생들이 "몇 학번 무슨 과 누굽니다"라는 식의 간단한 소개로 끝을 내버린다. 스무 살의 나이에 자신을 소개하는 내용이 싱겁기

그지없다. 학생들은 자기소개를 해본 적이 별로 없다고 이구동성으로 말한다. 그리고 덧붙여 내가 맡은 과목에 발표나 토론이 많은지 걱정스럽게 묻는다. 모두들 자기 의견을 말하는 데 익숙지 않아서 그렇다.

그러나 사회에서는 이러한 태도가 크게 문제가 될 수 있다. 앞서 말한 것처럼 사회에서는 자신이 어떤 사람이라는 것을 명확히 밝힐 수 있어야 한다. 자신을 소개하는 자리에서 쭈뼛거리기라도 하면 아무것도 모르는 상대방은 당사자를 답답한 사람으로 단정 짓거나 자신감이 없는 사람으로 치부할 수 있다.

스티브 잡스의 프레젠테이션

프레젠테이션presentation은 새로운 상품, 새로운 작품, 새로운 아이디어를 소개하는 자리다. 많은 사람들 특히, 회사에서 지위가 높은 사람들 앞에서 행하는 프레젠테이션에서는 전문가의 포스를 확실히 보여주어야 한다. 전문가의 포스란 자신이 소개할 상품에 대한 지식을 정확하게 알고 이에 대해 쉽고 명확하게 설명할 수 있는 능력이 있는 사람의 이미지를 말한다.

그런 면에서 부시 행정부의 콘돌리자 라이스 전 미국 국무부 장관의 재능은 특히 눈여겨볼 만하다. 어떤 어려운 국제 현안도 그녀가 설명하면 쉽고 단순 명확해졌다. 그래서 두 명의 부시 대통령 뒤에는 늘 그녀가 있었다고 하는 것이다.

그리고 몇 년 전 우리가 보았던 스티브 잡스의 아이폰에 대한 설명 및 시현은 누구나 인정하는 훌륭한 프레젠테이션의 모범이다. 워낙 인상적인 프레젠테이션이라 우리나라에서도 광고나 개그 프로그램에서 패러디하는 사람들이 있을 정도로 널리 회자되었다.

좋은 상품을 개발하는 것도 중요하지만 그것을 소개하는 방법 역시 중요하다. 애플보다 훨씬 앞선 1990년대 말 스마트폰을 개발해 시판했던 노키아가 예전 같지 않은 이유 중 하나가 명프레젠테이션이 없었기 때문이라면 다소 억지일까. 당시 노키아의 스마트폰을 설명하는 동영상을 본 사람은 누구도 없다.

커뮤니케이션 전문가인 카민 갤로는 명연사들의 화법을 정밀 분석한 결과 다음 세 가지를 공통점으로 제시했다.

첫째, 말하는 주제가 가슴에 와 닿아야 하고 둘째, 전달 방식이 새로워야 하며 셋째, 내용이 기억에 남아야 한다. 그러기 위해서는 시각 청각 촉각 등 모든 요소를 총동원해야 한다.

우리가 사는 사회는 글보다는 말이 훨씬 강력한 힘을 발휘한다. 말을 잘한다는 것은 따발총 같은 달변가를 지칭하는 것이 아니다. 진짜 달변가는 일방적으로 자신의 의견을 통보하는 것이 아니라 상대방의 말을 경청해 듣고 교감을 이끌어내는 능력을 가진 사람을 말한다. 또 무언가를 설명할 때에는 군더더기 없이, 임팩트 있게 말해야 한다.

말하기 전에 먼저 생각을 정리하라

업무상 대화, 상담, 보고 같은 것을 할 때는 요령이 있다. 먼저 말해야 할 내용을 어떻게 설명해야 할 것인지 미리 생각해 정리를 하는 것이 중요하다. 그렇게 준비하지 않으면 상대방이 내 생각을 물었을 때 "저…", "그러니까", "어", "뭐더라", "아 참" 같은 불필요한 말을 먼저 하게 된다. 이렇게 헤매면 상대방이 짜증을 낼 수 있다. "그따위 간단한 내용을 저렇게 버벅거리다니, 저 친구는 자기가 맡은 업무의 성격도 제대로 파악하지 못한 것 같군"이라고 생각할 수 있다.

문제는 부하 직원이 설명을 제대로 못하면 상사는 업무 자체가 원활하게 이뤄질지 의구심을 품게 된다. 이렇게 되면 담당자는 일하는 것이 더욱 힘들어진다. 같은 일을 하고 비슷한 결과물을 제출해도 설명을 요령 있게 하는 사람이 훨씬 유능해 보인다.

그렇다면 설명을 요령 있게 하는 사람들은 원래부터 그런 능력을 타고나는 것일까. 물론 그런 점도 있을 것이다. 좋은 목소리, 똑똑해 보이는 외모는 일단 프리미엄이 있다. 그러나 다시 한 번 말하지만 진짜 달변가들은 해야 할 말을 쉽고 간단하게 설명하는 방법을 사전에 준비해온다. 그렇다면 어떻게 준비하는 게 좋을까?

첫 번째로 해당 업무의 키포인트를 몇 가지 단어로 정리한다. 분명히 어떤 일이든 키포인트가 있다. 핵심 내용을 요약 정리하면 듣는 사람이 내용을 파악하기가 훨씬 수월하다.

두 번째로, 익숙지 않은 용어는 계속 연습을 해서 자연스럽게 말할 수 있도록 해야 한다. 문제는 같은 팀이라도 내가 담당하고 있는 업무에서 사용하는 용어를 다른 팀원이나 팀장은 잘 모를 수 있다. 그래서 쉽게 설명할 수 있는 원고를 미리 준비해놓아야 한다는 것이다.

세 번째로, 관련 사례를 들어 이해시키는 것도 좋다. 단, 같은 말을 반복하지는 말아야 한다.

네 번째로, 상대방이 내 말을 잘 이해하고 따라오는지 확인해가며 설명하는 것이 좋다. 확인을 위해서는 설명하면서 중간중간에 되묻는 것도 하나의 방법이고, 말하는 도중에 상대방의 눈빛이나 표정을 확인하는 것도 좋다. 이해하며 따라오는 사람과 그렇지 않은 사람의 눈빛은 완전히 다르다.

Accountability라는 단어가 있다. 사전을 보면 '책임'이라고 설명되어 있는데 '설명할 책임', '책임지고 해야 할 설명'이 더 정확한 뜻이다. 우리는 업무를 보면서 항상 그 일에 대한 accountability를 가져야 한다. 누구든 내 업무에 대해 질문을 한다면 명쾌하고, 속 시원히 알아들을 수 있도록 요약해 답할 수 있어야 한다.

내가 해내야 할 업무를 다른 사람에게 설명하다 보면 그것이 완벽하게 내 지식으로 남는다. 좋은 설명이란 그 누가 들어도 쉽게 이해할 수 있는 것이어야 한다. 그래서 아리스토텔레스는 "배움의 최고 단계는 가르칠 수 있는 것이다"라고 했다.

간단한 미팅에서도 해야 할 말을 미리 준비하라

회의나 회식 등 사람들이 모인 자리에서 누구나 발표해야 할 기회가 있다. 이럴 때 네가 무슨 말을, 어떻게 할 것인지 궁금하다. 대개의 경우 공식적인 회의나 프레젠테이션은 철저히 준비하지만 그 외의 간단한 미팅이나 동료들과 대화할 때는 가볍게 임한다.

나는 네가 뭐든 얼렁뚱땅 대충 넘기는 사람이 아니길 바란다. 그런 자리까지 긴장하고 준비해야 하느냐고 반문할지 모르지만 나는 생각이 다르다.

사회라는 공간에 들어서면 어디에 있으나 공적인 자리고 중요한 의미를 갖는다. 회식을 할 때나 동료들과 잡담할 때, 마치 그곳이 사적인 자리인 양 자신의 사생활은 물론 동료의 사생활까지 까발리는 사람들이 있다. 이는 정말 좋지 않은 커뮤니케이션이다.

"○○○ 대리님이 어제 남자친구랑 무슨 일이 있었던 것 같은데" "우리 엄마랑 엄청 싸우고 나왔는데~" 등등 별 뜻 없이 한 이야기가 돌고 돌아 눈덩이처럼 커지거나 부메랑이 되어 돌아와 불이익을 겪는 경우를 허다하게 보았다.

사회에서는 영원한 아군도 영원한 적군도 없다는 말이 있다. 말 한 마디로 빚을 갚기도 하고 없던 빚이 생기기도 한다. 특히나 앞으로 리더의 자리에 오를 생각을 갖고 있다면 언제 어디서나 준비된 자세로 임하도록 해야 한다. 이런 역량은 직장 초년생 때부터 길러야 한다.

예전에 함께 일했던 상사들 중에 말을 아주 매끄럽게 잘하는 사람이 있었다. 그는 회의할 때나 일대일로 대화를 나눌 때에도 마치 아나운서처럼 말을 잘해서 모두의 부러움을 샀다. 그런데 고객사의 임직원들과 술자리를 한 일이 있었는데, 어쩐 일인지 그는 말을 아주 아꼈다.

또 한 번은 거래처와 가격 협상을 할 때도 그는 아주 어눌하게 말을 했다. 말에 논리도 없고 힘도 없었다. 어려운 질문이 나오면 부하 직원들 얼굴만 바라보았다.

그는 자신이 잘 알고 있는 회사 내 직원들 앞에서만 자신 있게 말했을 뿐 거래처 사람들 앞에서는 한없이 작아지는 사람이었다. 그는 사내 한정용 달변가였던 것이다.

그와 같은 사람이 되지 않으려면 간단한 스피치든, 많은 준비가 필요한 프레젠테이션이든, 회의 사회든 간에 실제로 실행해보는 것이 중요하다. 다른 사람 앞에서 말해보지 않고는 절대 늘지 않는다. 나중에 리더가 되어서도 사람이 두려우면 어떻게 그들을 이끌 것이며, 어떻게 그들을 대표해 발언하고 협상을 하겠는가. 사람들 앞에 나서는 것이 편해질 때까지 자주 연습을 하길 바란다.

말해야 할 때와
침묵이 필요한 순간

● ● ●

"거래처 A와 가격 협상 문제로 만난 건은 어떻게 됐나?"

네가 이런 질문을 받는다면 어떻게 대답해야 할까. 평소 네가 말하는 스타일을 감안했을 때 아마도 이렇게 대답했을 것 같다. "거래처에서는 ○○○원을 제시했는데 저희는 △△△원으로 했으면 좋겠다고 주장했고요. 거래처는 저희 주장을 달가워하지 않았습니다. 하지만…."

어떤가. 너를 포함해 대부분의 직원들이 이런 스타일로 대답을 한다. 하지만 이렇게 보고하면 보고받는 상사는 얼굴을 찌푸릴 것이다. 원하는 대답을 듣기 위해 한참을 기다려야 하기 때문이다.

"저번에 얘기한 것 좀 알아봤어요?"

"아, 제가 어제 그제는 회사 행사장에 가 있느라 시간이 없었습니다."

"그래서 했다는 얘기예요? 못했다는 얘기예요?"

"예, 못했습니다."

대화가 이런 식으로 진행되어서는 곤란하다. 팀장이 질문한 내용은 '알아보았냐?'이다. 당연히 대답은 "아직 못 알아보았습니다"로 시작해야 한다. 왜 못했냐고 상사가 뒤이어 질문한다면 이유를 설명하면서 죄송하다고 덧붙이는 게 바람직한 대화법이다. 즉, 상사가 궁금해하는 질문에 정확한 답을 먼저 제시한 뒤 그 답변에 대한 배경 설명을 해야 한다.

회사가 원하는 대로 일이 제대로 진행되지 않았거나 상사의 지시를 불이행한 것이 발각되는 게 두려운 나머지 변명부터 늘어놓는 잘못을 범하지 말기 바란다. 이런 대화 스타일은 윗사람을 더욱 답답하게 만들 뿐이다. 일이란 원하는 대로 이뤄질 수도, 그렇지 않을 수도 있음을 윗사람들도 잘 알기 때문에 지나치게 겁먹을 필요는 없다. 잊지 마라. 윗사람들은 본인이 궁금한 것에 대한 '정확한 답'을 먼저 듣고 싶어 한다는 사실을.

말하기 전에 경청하라

내가 금융기관에서 일할 때, VIP 고객들로부터 칭찬을 도맡아 듣는 한 PB(프라이빗뱅커)가 있었다. 그 지점의 VIP 고객 부부가 그를 무척 좋아하며 칭찬했다.

"정 PB 말입니다. 다른 지점으로 발령 내지 말고 계속 우리를 담당하게 해주세요."

"염려 마세요. 이 지점에서 계속 근무할 겁니다."

"그 사람 정말 실력 있어요. 다방면에 상식도 풍부하고요."

내가 만나본 정 PB는 그다지 총명해 보이는 스타일은 아니었다. 일은 잘했지만 지점에서 존재감은 크지 않았다. 나는 조금 의아해하다가 기회를 만들어 그와 대화를 나누어보았다. 정 PB의 대화법을 유심히 살펴보았더니 그의 장점이 무엇인지 단번에 알 수 있었다.

우선 그는 상대방이 어떤 말을 하든 귀 기울여 들어주고, 질문을 받으면 먼저 그 질문에 정확하고 간결한 대답을 한 뒤 대화를 이어갔다.

이런 사람과 대화를 하게 되면 듣는 사람은 집중하게 된다. 말하는 스타일도 편안하고 아주 부드러웠다. 상대방이 어떤 주제로 대화를 시도해도 상식이 풍부한 그는 적절하게 대답을 했다.

대화가 서툰 직원을 보면 상대의 질문에 답하기 전에 먼저 배경 설명을 장황하게 늘어놓는다. 상대방이 알고 싶어 하는 내용보다 자신이 하고 싶어 하는 말을 먼저 한다. 상대방이 "그래서 답이 뭐냐고요?"라고 다시 물을 때에는 이미 짜증이 목까지 올라온 상태가 된다.

대화를 장황하게 하면 지루하게 느껴질 뿐만 아니라 말하는 당사자의 이미지까지 나쁘게 만든다. '이 사람의 말은 너무나 비논리적이어서 듣기가 거북해. 그러니 같이 일하기 어려울 것 같다'라고 단정하게 되는 것이다. 대화에 능숙지 못한 사람은 상대방의 말을 들어주지 않는다는 인상을 줄 수 있고, 자신이 아는 내용을 온전히 설명하지 못하기 때문에 이미지도 나빠질 수 있다. 다음 대화를 보자.

"저번에 내가 투자하려다 만 ELS 상품 요즘에도 좋은 게 있어요?"

"아, 그 ELS 말이죠. 그게 수익률이 안 좋아서요. 문제가 아주 많아요. 그래서 저희는 많이 팔지 않고 있어요."

"아니, 나는 아직도 ELS 신상품이 나오고 있는지 궁금해요."

"제가 드리고 싶은 말씀은 저희는 ELS를 거의 팔지 않고 있습니다. 요즘 수익률이 좋은 ELS는 많지 않거든요."

"내 얘기는 새로운 ELS가 있느냐고 묻는 겁니다."

"아, 저희 회사에서는 요즘도 꾸준히 ELS 신상품이 나오고 있습니다."

간단한 답을 원했는데도 이렇게 돌아가게 된다면 누가 대화를 청하고 싶겠는가. 그러니 당부하건대 반드시 질문에 대한 정확한 답을 먼저 하는 습관을 갖길 바란다. 네 생각에만 빠져 있어서는 안 된다. 이것 하나만 잘 해도 너는 회사에서 경쟁자 70퍼센트는 물리칠 수 있을 것이다.

보고도 결론부터

직장에서의 보고는 참으로 중요한 일이다. 대부분의 회사에서 상사와의 소통은 보고로 이루어진다. 상사 및 경영진은 실무자의 현황 보고를 듣고 현재 진행하는 일의 방향을 그대로 유지할 것인지 아니면 새로운 대안을 찾을 것인지 결정한다. 때에 따라서는 업무상 빠른 판단을 요하는 시점도 있다. 또한 결정해야 하는 사안이 쌓여 있어 한 가지 일에 시간을 할애할 수 없는 상황도 있다.

따라서 보고할 때는 반드시 결론부터 말해야 한다. 상사는 부하 직원이 결론을 말하지 않고, 주변 이야기를 길게 늘어놓는 것을 견딜 수 없어 한다. 결론에 대한 설명 역시 간단명료하게 듣고 싶어 한다. 상사들은 보고를 듣고 결정해야 할 사안이 한두 가지가 아니기 때문이다.

회사가 원하는 사안에 정면으로 배치되는 내용이라도 결론을 먼저 말한 다음 거기에 대한 논리를 전개하거나 부연 설명을 하라. 많은 사람들이 이런 식으로 보고했다가는 상사가 화를 낼까봐 조바심을 내는 경우가 있는데, 일을 하다 보면 많은 시행착오를 겪을 수밖에 없으니 너무 걱정할 필요는 없다. 그러니 보고와 동시에 대안을 내놓는다면 정말 훌륭한 보고가 될 것이다. 부정적인 결론이 났을 때 몇 가지 대안을 준비하고, 그걸 상사와 함께 이야기한 후 상사의 판단을 기다리면 된다. 다음 두 유형의 인물의 대화를 통해 요령 있게 설명하는 방법을 알아보자.

A 유형의 답변
"시공 회사 담당자와 만난 건은 어떻게 됐어요?"
"좀 복잡하게 됐습니다. 우리가 계약할 때 세부적인 내용을 빠뜨렸더라고요."
"그래, 시공 회사에서 못해주겠다는 거로군요."
"꼭 그런 것만은 아닌데요. 그쪽 담당자도 윗사람에게 보고하고, 계약팀과 이야기해보겠다고 했습니다."
"그래, 그쪽 담당자의 의견은 당장은 못해주겠다는 얘깁니까?"
"그 친구도 별 의견은 없었습니다."
"그럼 결론이 뭐예요?"

이렇게 보고 초기부터 결론을 말하지 않으면 듣는 사람은 짜증이 나고 울화통이 터진다. 이를 다음과 같이 바꿔보자.

B 유형의 답변
"시공 회사 담당자와 만난 건은 어떻게 됐어요?"

"담당자 말로는 중간에 설계를 너무 많이 바꿔 회의적이랍니다."
"그래서요."
"계약서상 명기되지 않은 사항은 내부적으로 받아들이기 어렵겠다고 합니다. 제가 다시 한 번 회사 사람들과 이야기해서 긍정적으로 검토해달라고 했습니다."
"아, 그래요?"
"제 복안은 우리 회사가 추가로 발주할 공사도 있으니 그쪽 부장을 만나서 이야기하면 우리 말을 듣지 않을 수 없을 겁니다. 만약 계속 삐딱하게 나오면 또 다른 대안도 있습니다. (설명) 이러이러한 것들입니다."
"○○씨, 그렇다면 우리 쪽에서 어떻게 해야 합니까?"
"저는 두 번째 대안으로 가는 게 나아 보입니다. 실현 가능성이 매우 높습니다. 팀장님은 어떤 게 나으신지요?"
"생각해봐야죠. 다른 팀원들과도 얘기해봅시다. 수고했어요."

대화가 이렇게 풀리면 OK다. 만약 부정적인 결론에 대한 대안을 준비했는데 실현 가능성이 낮다면 마저 이야기를 끝낸 뒤 상사의 생각이 어떤지 물어보는 것이 좋다. 테니스공을 일단 상사의 코트로 넘기는 것이다. 여기서의 포인트는 받기 쉽게 넘겨주어야 한다.

프레젠테이션을 할 때도 이슈에 대한 배경 설명과 함께 바로 결론을 말한 뒤 나머지 부가적인 설명을 하는 것이 효과적이다. 그 이슈에 대해 가장 많이 생각해본 사람은 담당자이고, 상사나 경영진은 내 결론을 어느 정도 존중해줄 것이기 때문이다.

대답을 잊지 마라

지금부터 내가 하는 이야기는 앞서 말했던 내용과는 성질이 조금 다르다. 앞서 내가 말한 내용은 업무 과정을 디테일하게 설명해야 하는 상황에서의 커뮤니케이션이라면 여기서는 보다 일반적인 상황에서의 대화법이다. 아래의 대화를 보자. 이는 내가 실제 겪었던 일이다.

A는 자타가 공인하는 성실한 직원이다. 집이 회사에서 멀었지만 항상 정시보다 일찍 출근했고, 저녁은 구내식당에서 해결했다. "왜 저녁식사를 회사에서 하느냐?"라고 물으면 "저, 그냥 이것저것 좀 보려고요"라고 모호한 답변을 했다.

그러던 중 간단하게 조사할 일이 생겨서 A를 불렀다.

"이것 좀 조사해줄 수 있나? 복잡한 일은 아니네. 혹시 맡은 업무가 많은 것 아닌가?"

"저… 아닙니다."

완곡한 예스 같은 대답을 하기에 일을 맡겼다. 하지만 2주일이 지나도 중간 보고가 없어 A를 불렀다.

"그 일은 잘 진행되고 있나?"

"저, 아직 손도 못 대고 있습니다."

"아직 시작도 못했다고? 왜?"

"아시다시피 갑자기 감사가 나와서 정신없었어요. 전무님도 아실 것 같아서 말씀 안 드렸습니다."

상황이 이렇게 되자 이 직원의 모호했던 태도가 원망스러웠다. 자신이 처한 상황을 분명히 밝혀주었더라면 업무를 다른 사람에게 맡겨 차질 없이 진행할 수 있었을 것이다.

이유야 어떻든 업무 위주의 커뮤니케이션은 정확하게 해야 한다. 할 수 있는 일은 "하겠습니다"라고 말해야 하고 중간에 다른 변수가 생겼다면 즉시 보고해 업무에 차질이 생기지 않도록 조정해야 한다. 속사정을 알 길이 없는 상사는 마냥 기다릴 수밖에 없다.

상사가 실행 불가능한 지시를 내렸을 때, 어렵겠다고 정직하게 현 상황을 말하지 않으면 나중에 더 큰 질책을 받을 수 있다. 상사도 오랫동안 직장 생활을 해온 사람이라 웬만한 상황은 다 겪어보았기 때문에 이해 못할 일은 없다.

다만 즉각 거부하기가 부담스럽다면, "제가 지금 진행하는 업무가 시일이 촉박하니 괜찮으시다면 이 일을 마치고 곧바로 진행하겠습니다. 아마 1주일 후부터 진행할 수 있을 것 같습니다"라는 식으로 부연 설명을 하는 것도 좋다. 그다음은 상사가 판단할 일이다.

상사의 지시에 "알겠습니다. 바로 시작하겠습니다", "~까지 하도록 하겠습니다", "나가보겠습니다", "지금 업무와 같이 진행해보고 어려울 것 같으면 바로 보고드리겠습니다", "진행하면서 다음 주 중에 중간 보고를 올리겠습니다"라는 식으로 똑 부러지게 보고해라. 너를 바라보는 상사의 시선이 달라질 것이다. 바쁜 직장 생활에서 '말하지 않아도 다 아는' 이심전심은 통하지 않는다.

회사라는 조직은 여러 사람이 힘을 합쳐 일하려고 모인 곳이지, 어느 한 사람이 모든 일을 도맡아 해내기를 기대하는 곳이 아니다. 각자 주어진 역할이 있다. 서로 간에 효율적으로 일을 조정해가면서 생산성을 추구하는 것이 회사다. 상사와의 커뮤니케이션은 다소 어려울 수 있지만 지혜롭게 헤쳐나가길 바란다.

낮말도 밤말도 동료가 듣는다

평소 '말조심하라'라는 말을 귀가 닳도록 듣고 살았을 것이다. 특히 직장에서는 그 말을 금과옥조로 여겨야 한다. 직장이라는 곳은 매우 좁은 공간이다. 게다가 잠자는 시간을 제외하면 가족보다 더 많은 시간을 보내는 곳이다. 네가 회사에 대해 토로한 불만이나 상사를 비난한 말은 좁은 공간에서 돌고 돌아 결국 그 말을 한 주인공인 너를 포함해 거의 모든 직원들의 귀에 들어간다. 힌두교의 경전에 있는 이 말을 잊지 마라. "명심하라. 자기가 한 말은 반드시 자신에게로 되돌아온다"

신입 사원 시절 고참 직원들과 어울리다 보면 그들이 회사나 상사에 대해 매우 비판적이고 냉소적이며 부정적인 관점을 갖고 있다는 사실을 알게 될 것이다. 상사 앞에서는 아무 소리 못하다 퇴근 후 술자리에서 상사의 무능을 안줏거리로 삼아 뒷담화를 한다. 뒤이어 회사의 직원 대우가 업계 최저라는 등의 말을 끝으로 술자리를 파한다.

여러 직장을 다녀본 나로서는 많은 직장인들이 자신이 근무하는 회사가 업계 최저라고 말하는 걸 들었다. 업무에 대해 어느 정도 알거나 실적이 좋은 직원들은 상사의 능력을 더욱 평가절하하고 험담하길 좋아한다.

문제는 마음가짐이 순수한 신입 사원 때부터 이런 유형의 고참들과 자주 어울리다 보면 뒷담화하는 습관이 생긴다. 슬슬 직장 생활이 힘들어지고 회사가 비합리적으로 운영되고 있다는 생각이 들 무렵, 고참들의 그런 비난은 마른 땅에 내리는 단비처럼 신입 사원들에게 쉽게 흡수된다.

직장 생활에 균형 감각이 있는 고참들이야 스트레스 해소용으로 뒷담화를 하고 말지만 신입 사원은 이런 대화를 들으면 생각의 균형을 유지하지 못하고 마치 회사에 심각한 문제가 있는 것처럼 받아들일 수 있다. 입사한 지 1, 2년이 채 안 된 신입 사원 중에 회사나 상사에 대한 부정적인 생각 때문에 회사 생활에 적응하지 못하는 사람들이 많다.

프란치스코 교황은 "뒷담화만 안 해도 성인이 된다"고 했다. 절대 뒷담화하지 마라.

상대에 대한 부정적인 말은 나를 해친다

시간이 지나면서 신입 사원의 입이 트인다. 그런데 입이 트였다고 해서 회사의 전략을 생각 없이 비판하거나 상사나 상급자에 대해 이러쿵저러쿵 비난을 해서는 안 된다.

알고 보면 같이 뒷담화한 동료 중에는 경영진을 몰래 만나 동료 직원들의 말을 옮기는 사람이 있다. 개중에는 너를 경쟁자로 여겨 일부러 고자질을 할 수도 있다. 그렇기에 직장 내 모든 이를 나의 아군으로만 보아서는 안 된다고 한 것이다. 모든 것이 나의 직장 생활에 부메랑이 되어 돌아온다는 사실을 기억해야 한다.

또 직장이나 상사에 대한 부정적인 관점을 갖게 된 직원은 아무리 숨기려 해도 태도나 표정에 은연중에 나타나기 때문에 조심해야 한다.

너도 익히 보았을 것이다. 아인슈타인이 남긴 이 글을.

"성공을 A라 할 때 'A=X+Y+Z'이다. X는 일하는 것이고 Y는 노는 것 즉,

즐기는 것이며 Z는 입을 닫고 침묵하는 것이다."

열심히 일하고, 잘 놀고, 침묵하면 성공한다는 말인데, 우리가 인생을 살아가는 데 있어 침묵이 얼마나 중요한지 말해주고 있다. 앞서 나는 침묵보다 말을 잘하는 게 좋다고 했지만 이는 필요할 경우 상황을 논리적으로 잘 설명할 수 있는 능력을 기르라는 뜻이다.

직장 생활에서는 항상 말조심을 해야 한다. 우연한 대화 즉, 화장실에서의 대화나 컴퓨터 화면에 메신저를 띄워놓고 채팅하는 등의 행동도 조심해야 한다. 동료와 채팅창을 띄워놓고 상사의 흉을 보다가 실수로 당사자인 상사에게 보내는 해프닝을 본 적도 있다. 정말 주의해야 한다.

또 만사를 삐딱하게 보는 사람을 멀리해라. 그런 사람과 어울리다 보면 나도 모르게 부정적인 성향으로 변할 수 있다.

말이 많은 사람은 비슷한 부류끼리 몰려다니는 성향이 있는데 같이 어울리면 도매금으로 넘어갈 수 있으니 주의해라. 사람들이 험담을 나누는 장면을 우연히 목격했다면 업무를 핑계로 자리를 피하는 게 좋다.

마지막으로 알아둬야 할 것은 언뜻 보기에 무능해 보이는 상사도 오랜 직장 생활로 자신만의 숨겨진 필살기가 있다는 것이다. 정말 무능해서 너를 진급시킬 만한 힘이 없을지 몰라도, 언제든 너를 좌천시킬 힘이 있다는 사실을 명심하기 바란다.

이메일, 문자 메시지, 메신저 그리고 SNS

● ● ●

국내 휴대전화 보급률이 1인 1폰을 넘어섰다. 지금 우리는 직접 통화보다 문자 메시지나 카카오톡과 같은 모바일 메신저를 더 많이 이용하고 있다. 또 인터넷상에도 메신저 역할을 하는 다양한 기능이 많다. 간단하게 전달할 내용이면 전화보다 인사치레를 뺀 문자 메시지나 메신저를 이용하는 것이 훨씬 더 편리하다. 상대가 전화를 받을 수 없을 때, 내가 길게 통화할 수 없을 때 쓰면 아주 요긴하다.

이메일은 비교적 형식을 갖춰 쓰는 글이지만 문자 메시지나 카카오톡 같은 모바일 메신저는 실제 대화에 가까울 정도로 구어체를 구사한다.

각각의 장단점이 있으므로 상황에 맞춰 효과적으로 사용하면 된다. 단 업무와 관련해 사용할 때는 주의가 필요하다. 너희 세대에서는 나의 이런 당부가 보수적으로 느껴질 수도 있을 테지만 찬찬히 생각해보기 바란다.

말은 사라져도 글은 남는다

이메일, 문자 메시지, 메신저, SNS로 작성하는 글은 전화로 주고받는 대화와 달리 기록으로 남는다. 말이야 입에서 내뱉는 순간 사라지지만 글은 짧은 것이든 긴 것이든 간에 사라지지 않고 남는다.

글은 표정이나 어조, 제스처가 없기에 말보다 훨씬 더 강렬한 인상을 남긴다. 말은 상대방의 기분이나 상황에 따라 얼마든지 조절이 가능하지만 글은 그렇지 않다. 내가 내 마음의 상태를 상대에게 일방적으로 보내는 것이다. 쌍방 통행 방식이 아닌 일방통행식 의사소통이다. 게다가 기록이기에 읽고 또 읽을 수 있다. 일방적으로 전달받은 내용을 반복해서 읽는다면 좋은 감정이든 나쁜 감정이든 배가될 수 있다.

내가 보낸 메시지로 인해 의도치 않게 상대방에게 상처를 주었거나 내 의도를 상대가 잘못 받아들였다면 내용을 다시 한 번 점검해서 오해를 풀어주어야 한다.

예전에 '밤에 쓴 편지는 다음 날 다시 읽어보고 보내라'라는 말이 있었다. 감성의 흐름이 활발한 밤에 글을 작성했다면 이성의 움직임이 활발한 낮에 재점검해 오류가 없도록 하라는 의미다. 글의 위력이 그만큼 무섭다는 걸 깨우쳐주는 말이다.

이메일, 문자 메시지, SNS 등 어떤 글을 작성할 때에도 반드시 불필요한 감정을 제거하고 최대한 객관성을 유지해야 한다. 젊은이들 사이에서 통용되는 줄임말을 사용하는 것도 삼가는 것이 좋다. 공간이 좁다고 인사말이나 맺음말을 생략해서도 안 된다. 면전에서 이야기하는 것과 같은 수준의 예의를 갖추도록 해라.

만약 화가 나서 흥분한 상황이라면 곧바로 메시지를 보내기보다 잠시 숨을 고르면서 감정을 가라앉힌 뒤에 보내라. 대한상공회의소의 박용만 회장은 이런 상황이 생기면 바로 행동하지 않고 모래시계를 뒤집어 모래가 다 내려갈 때까지 기다린 뒤 다시 어떻게 할 것인지 생각한다고 한다. 화가 날 때는 화를 내야 할 대상을 바꿔라. 화를 내야 할 대상은 상대방이 아니라 나 자신의 절제력이다.

가급적이면 이메일, 메신저보다는 직접 통화하는 게 좋고, 이보다 좋은 것은 얼굴을 맞대고 만남을 갖는 것이 더 좋다. 어떤 이는 워낙 첨예하게 대립하는 상황이라 전화를 하거나 만나 이야기하면 상대방이 더 자극받을 것 같아 글로 쓴다고 하지만 이럴 때일수록 통화를 하거나 만나서 대화를 나누는 것이 좋다.

SNS는 결코 사적인 공간이 아니다

요즘 젊은이들은 활발하게 SNS 활동을 한다. 아니 특별히 젊은 세대만의 문제는 아닌 것 같다. 페이스북, 트위터 등으로 대변되는 SNS는 거의 모든 성인이 참여할 정도로 대중화되었다. 자기 생각을 표현하는 걸 어려워하는 우리나라 사람들이 온라인상에서 소소한 정담을 나누는 모습은 참으로 보기가 좋다.

그러나 한 가지 이해하기 어려운 것이 있다. SNS를 사적인 공간이라고 생각하는 사람들의 인식이다. 수많은 불특정 다수가 볼 수 있는 온라인 공간이 어떻게 사적 공간이 될 수 있는지 의문스럽다. 아무리 친구 공개와 같은 설정을 만들더라도 마찬가지다. 너도 알다시피 일단 온라인상에 글을 올리면 작성된 내용을 보거나 퍼갈 방법은 얼마든지 있다.

이런 곳에 자신의 은밀한 사생활을 올리거나 사회적으로 공감하기 어려운 내용을 올렸다가 대중의 지탄을 받는 연예인이나 정치인들의 사례는 셀 수 없이 많다. 이들은 하나같이 사적인 공간에 글을 올렸을 뿐이라며 항변하지만 결국은 사과와 자숙하겠다는 말로 막을 내린다.

혹자는 대중이 미성숙해서 SNS란 사적인 공간에 올린 글까지 공론화한다며 두둔하기도 하지만 나는 동의하지 않는다.

이는 비단 연예인이나 정치인만의 문제는 아니다. 잘 알려져 있다시피 전 이성 친구와의 추억을 온라인상에서 지우기 위해 돈을 지불하고 업체에 의뢰하는 일반인도 심심찮게 있다고 들었다. SNS에 특정인을 비난하는 글을 올렸다가 당사자가 그 글을 보고 관계가 악화되는 상황을 많이 보았다.

만약 네가 상사나 선배에게 섭섭했던 감정을 SNS에 올려두었는데 그들이 그 글을 직접 보거나 다른 직원으로부터 전해 들었다고 상상해보라. 왜 내가 SNS가 사적인 공간이 될 수 없다고 하는지 이해할 것이다.

모바일 매체를 사용하는 인구는 폭발적으로 늘고 있지만, 우리의 정신은 아직 이 과학적 발전을 못 따라가고 있다. 우리나라 대중은 누군가의 은밀한 사생활이나 생각을 접했을 때 영문을 알 수 없을 정도로 혹독한 비난을 퍼붓는다. 그러니 사회적 인식이 바뀔 때까지 모바일 매체 사용을 주의하는 것이 좋다.

어떤 이는 명품 쇼핑 목록이나 화려한 음식점에서의 식사 광경, 해외여행 사진 등을 시도 때도 없이 올려놓는데, 이 역시 적절한 자제가 필요하다. 주변의 어려운 사람을 생각한다면 지나친 자기 자랑은 자제해야 하지 않을까? 그러나 적당한 선에서의 즐거운 일상을 올리는 것은 용인해라.

자리를 뜰 때는 메신저를 꺼라

요즘 직장인들은 메신저를 많이 사용한다. 사무실 내에서는 메신저로 동료들과 인사를 나누고, 업무 내용을 주고받는다. 그러다 보면 상사나 고참 직원에 대한 불만과 욕설, 비아냥이 폭포수처럼 흘러넘친다. 감정을 가진 인간인 이상 이런저런 일에 분노가 일어나는 것은 당연하다.

문제는 이런 메신저를 보내다가 갑자기 자리를 뜨는 상황이 생긴 때다. 대화를 제대로 마무리하지 않고 자리를 비웠는데, 상사나 선배가 지나가다가 마침 열려 있는 메신저 창을 봤다면 어떻게 될까. 업무상의 대화가 아니라 다른 직원을 뒷담화하는 중이라면 근무시간에 딴짓을 했다는 질책은 물론이고 남을 험담하는 아주 질 나쁜 직원으로 낙인찍히고 만다. 이런 낙인은 시간이 지나도 절대 수습되지 않는다. 또 대화 상대편의 사무실에도 대화창이 노출될 우려가 있다.

회사 내에서 자리를 비울 일이 있을 때에는 반드시 메신저를 끈 뒤 이동하기 바란다. 또 메신저는 되도록 업무적인 대화로 한정해라. 그렇게 하면 직장생활 중 겪을 수 있는 최악의 사태는 막을 수 있다.

21세기 기업이 원하는 인재의 요건

...

    1990년대 말, 세계적인 한 연구기관이 수많은 기업가들을 대상으로 설문조사를 한 적이 있다.

    "현재 기업이 바라는 가장 중요한 인재의 역량은 무엇이라고 생각합니까?"

    결과는 1위 사업판단력, 2위 의사결정력, 3위 사업분석력, 4위 리더십 그리고 5위 프로의식 등이었다. 그로부터 10년이 지나 다시 같은 설문조사를 진행했다. 이번에도 상위 1위부터 5위까지는 10년 전과 똑같았다. 사업판단력, 의사결정력 그리고 사업분석력, 리더십, 프로의식은 제자리를 지키고 있었다.

    그런데 눈에 띄는 것은 6위 이후의 순위가 많이 바뀌었다는 점이다. 6, 7, 8위 모두 바뀌었는데 새롭게 떠오른 것들은 1990년대 조사에서는 10위권 밖에 머물렀던 커뮤니케이션 능력, 협상력 그리고 프레젠테이션 스킬이었다.

그렇다면 한 가지 질문을 해보자. 상위 1위부터 5위까지의 역량 즉, 사업판단력, 의사결정력, 사업분석력, 리더십, 프로의식과 6, 7, 8위의 역량 즉, 커뮤니케이션 능력, 협상력 그리고 프레젠테이션 스킬과의 차이점은 무엇일까.

1위부터 5위까지의 역량은 혼자서 할 수 있는 일들인 반면 6위부터 8위까지의 역량은 상대가 있어야 가능하다. 커뮤니케이션 능력, 협상력, 프레젠테이션 스킬은 모두 특정 대상을 상대로 소통하는 기술이다.

6위부터 8위까지의 상승 추세로 보아 앞으로 순위가 더 오를 여지가 많다. 즉 대인관계 기술이 중요한 시대가 되었고, 앞으로 더욱 부각될 가능성이 크다. 혼자서 일을 주물럭거리며 애를 쓰기보다 협업을 통해 상대를 설득하고, 상의하면서 풀어가는 시대로 접어들었다는 의미다.

현대는 인간이 만들 수 있는 발명이 거의 다 이루어진 시대라고 할 수 있다. 따라서 과거에 없었던 획기적인 제품을 만들어내려면 결코 한 사람의 아이디어로는 불가능하다. 다른 사람과 소통하고 협력해야 하는데, 그런 일이 원활하지 못한 사람은 불리할 수밖에 없다. 그래서 커뮤니케이션 능력이 더욱 각광받고 있는 것이다.

앞으로 너는 직장에서 수많은 사람들과 더 많이 어울리며 일하기를 요구받을 것이다. 그래서 인간관계가 좋은 사람은 명문 대학을 나오고 좋은 스펙을 가진 사람 못지않게 그 가치가 높다.

"장막 안에서 계략을 세워 천리 밖의 승리를 쟁취하는 것은 내가 장량張良만 못하고, 나라를 편안하게 다스리고 백성을 어루만지며 군량을 원활하게 보급하는 것은 내가 소하蕭何보다 못하고, 백만의 군사를 거느리고 싸우면 반드시 이기고 공격하면 반드시 승리를 쟁취하는 것은 내가 한신韓信만 못하다. 이 세 사람은 모두 인재다. 내가 이들의 능력을 알아보고 등용했으니 이것이 천하를 얻은 이유다."

- 『사기』「고조본기高祖本紀」

STEP 4

모든 이를 내 편으로 만드는
매혹적인 인간관계술

다른 사람에게는 절대 열어주지 않는 문을
당신에게만 열어주는 사람이 있다면
그 사람이야말로 당신의 진정한 친구다.

- 생텍쥐페리

무언가에 대해 진정으로
"예"라고 말하려면 온 마음을 다해야 한다.
당신의 "예"라는 대답에 진심이 담겨 있어야 한다.
만약 당신이 그럴 마음이 없다면
"아니오"라고 거절해야 한다.

– 메리 제인 라이언

인간관계에
포석을 깔아라

● ● ●

내 오지랖은 몇 폭인가

　나는 대학 시절 딱 세 명의 친구와 어울려 지냈다. 우리 세 사람은 거의 매일이다시피 붙어 다녔다. 요즘 캠퍼스에서도 친한 친구들끼리 붙어 다니는 모습을 쉽게 목격할 수 있다. 과목에 따라 발표나 토론을 위해 스터디 그룹을 만들게 하면 여기에도 어김없이 평소 친한 친구들끼리, 여학생들끼리, 남학생끼리 또는 복학생들끼리 팀을 구성해 명단을 제출한다.

　그래서 "한 팀에 타과 학생, 복학생, 다른 학년, 남녀가 꼭 들어가야 합니다. 다시 팀을 짜보세요" 하고 요구하면 모두 아우성을 친다. 불편하다는 것이다.

　직장과 학교가 다른 점은 바로 이런 부분이다. 학교는 친구를 골라 사귀어도 좋다. 같이 있기 불편하거나 싫은 사람과 굳이 함께할 필요가 없다. 그러니 기껏해야 같은 과, 동아리, 고교 동문 정도가 내 교제의 영역이다.

하지만 직장 생활을 할 때는 영역을 넓게 잡아야 한다. 성별, 나이, 배경이 모두 다른 사람들과도 협력하거나 거래를 해야 일이 생긴다. 나와 잘 안 맞는 사람과의 교제도 피할 수는 없다. 따라서 사회 초년생 시절부터 적극적으로 교제 범위를 넓히도록 노력해야 한다.

직장에서 인간관계의 영역을 넓게 잡아야 하는 이유는 이것이 업무에 지대한 영향을 미치기 때문이다. 원만하고 친밀한 인간관계 하에서 업무의 효율성이 극대화된다는 것은 두말하면 잔소리다. 그래서 회사에서는 직원을 평가할 때 인간관계에 많은 점수를 배정한다.

'오지랖이 넓다'는 말은 주제넘게 시도 때도 없이 남의 일에 간섭하는 사람을 지칭하는데 사회 초년생인 네게는 어느 정도 이런 요소가 필요하다. 그동안 너무나 개인주의적으로 살아왔을 것이 뻔하기 때문이다.

우리의 업무상 인간관계의 평판은 완전히 노출된다. 그리고 이러한 평가는 초고속으로 사내에 퍼진다. 혼자 열심히 일하는 것보다 주위 팀원, 다른 팀원, 거래처 직원 등과 협력해 일하는 것이 키포인트다. 지금까지는 이런 역량을 키울 기회가 없었겠지만 앞으로는 이런 부분에 관심을 가져야 한다. 이런 일에 가장 서툰 게 신입 사원이다.

어느 정도 사회생활에 익숙해지면 인맥을 쌓으려고 노력하는 사람들을 목격하게 될 것이다. 이들은 업계에서 비슷한 일을 하는 또래끼리 모임을 만들어 활동하기도 한다. 좋은 시도다. 그러나 현재 자신이 하고 있는 업무에 한정된 사람들과 모임을 가진다는 것은 장기적으로 봤을 때는 좋지 않다.

근시안적인 생각에 당장 협업이 필요한 사람들과의 관계에만 집중하다가 나중에 인생의 전환점을 맞았을 때는 후회해도 소용없다. 바람직한 인간관계는 '미래지향적인 시각으로 봤을 때' 내게 도움이 될 만한 사람들과의 교제다. 이것이 바로 인간관계의 포석이다.

포석이란 바둑에서 많은 집을 차지하는 데 유리하도록 미리 바둑알을 멀리 놓아두는 것을 말한다. 즉 장래를 위해 미리 준비한다는 뜻이다. 너에게 필요한 포석은 두 가지가 있다. 우선 당면한 업무상 필요한 포석과 미래에 네가 가야 할 길에 깔아두는 포석이다.

우리 팀에서 진행하는 일에 도움이 될 만한 팀, 혹은 거래처 직원들과 점심을 하거나 우연을 가장한 전화나 인사 정도의 접촉을 해두는 것은 가까운 포석이다. 반면 당장 필요한 것은 아니지만 언젠가는 생업지도에 유리하게 작용할 인맥을 구축하기 위해 관심 있는 분야의 모임에 정기적으로 참가하는 것은 장기적인 포석이다.

포석을 만들기 위해 가장 쉬운 방법은 학교 선배, 직장 선배들과 꾸준히 인사를 나누고 만남을 이어가는 것이다. 이런 인맥을 쌓아놓는 이유는 언젠가 나도 누군가로부터 도움을 받고, 나 역시 그 누군가에게 도움을 주어 서로가 상부상조하기 위해서다.

모임에 참여할 때는 그 모임을 주도한 사람들을 신경 써서 알아두는 것이 좋다. 주도한 사람이란 관계망의 허브 역할을 하는 모임의 회장이나 총무, 간사들이다. 이들과 친하게 지내다 보면 모임 내에서 그다지 친하지 않은 사람들까지도 내 인맥으로 만들 수 있다.

또한 모임의 리더들은 대부분 성격이 사교적이라 폭넓은 인맥을 형성하고 있는 경우가 많다. 즉 한 사람을 통해 적게는 수십 명, 많게는 1백여 명이 넘는 인원들과의 연결 고리를 가질 수 있다.

이는 우리가 인간관계에서 스타와 가까워지려고 하는 심리에서도 그대로 읽힌다.

음지가 양지되고 양지가 음지된다

같은 업계에 몸담고 있는 거래처 사람들도 네가 관리해야 할 인맥이다. 네가 갑이든 을이든 아니면 병이든 그들에게 편안하고 좋은 인상을 남기는 것이 좋다.

만약 네가 다니는 회사가 대기업이거나 재무적으로 아주 탄탄한 회사일 경우 외부 거래처 사람들에게 너의 행동이 다소 거만하게 비칠 수 있다. 네가 그렇게 행동하지 않았다 해도 상대방이 그렇게 느낄 수 있다. 그 저변에는 나의 회사가, 나의 입지가 탄탄해서 절대로 그들에게 도움 받는 일은 없을 것이라는 자신감이 도사리고 있다.

하지만 세상일은 알 수가 없다. 음지가 양지되고 양지가 음지된다. 비슷한 실력과 역량을 지닌 직장 동료의 경우 앞으로 언제, 어떤 일이 벌어질지 아무도 모른다. 심지어 을이었던 거래처 사람이 네 상사로 올 수도 있다. 영원한 갑일 줄 알았던 너희 회사와 네 입장이 순식간에 을로 뒤바뀔 수 있다는 의미다.

나의 지인 J는 한때 자신이 몸담은 업계의 갑이었다. 당연히 많은 영업 직원들이 그를 섭외하려 했고, J는 사람 만나는 것을 귀찮아했다. 그들 중에 모 회사의 영업팀장 P가 있었다. P 역시 J에게는 평범한 거래처 직원 중한 명일 뿐이었다.

어느 날 J는 개인적으로 잘 아는 P의 회사 직원으로부터 P가 그 회사 실세 중의 실세라는 사실을 알게 되었다. P는 영업 경험이 없어 잠깐 영업팀에서 근무하던 중이었다. 정보를 알게 된 J는 P를 특별히 잘 대우하며 관계가 더욱 돈독해졌다.

IMF 외환위기 당시 많은 회사가 흔들렸다. J의 회사 역시 어려워지면서 M&A의 매물로 나왔다. 그리고 J의 회사가 매물로 나오기가 무섭게 바로 인수되었는데, 회사를 인수한 곳은 다름 아닌 P가 다니는 회사였다. 알고 보니 회사의 실세였던 P가 인수합병을 주도적으로 맡았다고 했다. P와 잘 지낸 갑이었던 J는 어떻게 되었을까? 당연히 인수 후에도 살아남은 것은 물론 준실세로서 입지가 더욱 탄탄해졌다.

J의 포석 전략이 제대로 먹힌 사례다. 여기서 한 가지 알아두어야 할 점은 네가 거래하는 거래처의 직원들을 통해 네 평판이 업계에 나돈다는 사실이다. 직원들은 누구나 자신이 속한 회사의 이익을 위해 일한다. 까다롭고 거만하고 까칠하다 해도 "나는 회사의 이익을 위해 최선을 다했어"라고 위안을 삼을지도 모른다. 하지만 이기적인 욕심으로 거래처를 힘들게 하고, 자기 회사만 살찌우는 것은 장기적으로 회사 쪽에도 너에게도 마이너스다. 나중에 기회가 와서 거래처가 칼자루를 쥐는 날, 이기적이었던 회사 혹은 그 직원에게 복수할지도 모른다.

협상 테이블에 앉을 때는 늘 '이 협상이 끝나고 나서 상대방에게 불쾌감을 남기지 않겠다'고 마음속으로 다짐해라. 우리가 일상적으로 거래하는 거래처는 명동 한복판에서 한 번 보고 말 상인이 아니다. 다음 건도 거래해야 하고 내년, 내후년에도 거래할 가능성이 크다. 같이 가는 것이다.

거래처와의 협상 시 최대한 예의를 갖추고, 부드럽고 인간적인 면모를 보여주는 게 좋다. 그들은 모두 너와 동시대를 살아가는 동종업계 사람들이다.

부탁과 거절,
요령껏 하라

••••

　　회사 업무를 행하는 과정에서 우리는 주변 사람의 도움을 받을 때가 있다. 사내의 다른 팀과도 서로 도움을 주고받는다. 사내에서 서로 돕는 것은 쉬울 수 있지만 사외社外 즉 거래처나 협업 관계의 사람들에게 도움을 받는 것은 쉽지 않다. 사실 인맥을 관리하는 목적은 이때를 대비한 것이라고도 볼 수 있다.

　　문제는 그냥 안다는 것과 부탁을 들어줄 정도로 친밀하다는 것은 엄청나게 큰 차이가 있다. 따라서 친밀한 관계가 형성되지 않은 사람에게 섣불리 전화해서 도움을 청하는 실례를 범해서는 안 된다. 도움을 청하고 싶을 때는 주변 사람과의 관계에 대해 깊이 생각해봐야 한다.

　　모든 직장인은 자신의 실익을 위해 최대한 효율적으로 행동하고자 노력한다. 따라서 일상생활에 지장을 초래하면서까지 남을 도와준다는 것은 쉽지 않은 일이다. 누군가를 도울 때는 그만한 명분이 있어야 움직인다. 만약 그럴 만한 명분이 없는 상황에서 부탁을 한다면 상대방은 거절할 것이 분명하다. 그렇게 되면 거절한 사람이나 거절을 당한 사람이나 어색해질 수밖에 없다. 따라서 학교 때 친한 친구라고 해서 쉽게 전화기를 들어서는 안 된다.

부탁받는 상대방의 입장을 먼저 고려하라

만약 네가 어떤 일로 알았던 사람에게 뭔가를 부탁했다고 하자. 부탁한 사람이 들어줄 만한 일이라면 문제없지만 그렇지 않다면 자칫 그 사람과의 관계마저 위협할 수 있다. 그러니 되도록 충분히 친한 사람에게 해도 될 만한 일을 부탁해야 한다. 원래 부탁이란 게 입 밖에 내기도 어렵지만 제대로 이행하는 것도 어렵다. 제대로 된 부탁을 하기 위해서는 다음 네 가지를 고려해보아야 한다.

첫째, 상대가 들어줄 수 있는 일인지, 능력이 되는 일인지, 여유가 되는지를 생각해봐야 한다. 또한 그의 권한 내의 일인지(그가 잘 아는 인물이 결정할 수 있는 일이라면 그가 나를 위해 힘을 실어줄 수 있는지)도 생각해봐야 한다. 아무리 친한 친구라도 바쁜 사람을 불러내어 이러저러한 설명을 늘어놓으며 설득하고 부탁하는 것은 여간 부담스러운 일이 아니다.

둘째, 타인에게 뭔가를 부탁할 때에는 막막한 상황에서 소위 '들이대기'를 해서는 안 된다. 상대에게 부담을 줄 수 있는 내용인데도 불구하고 감정에 호소하며 막무가내로 부탁해서는 안 된다. "네가 나를 도와줘야 되지 않겠니?", "선배님이 무조건 도와주셔야 합니다" 하는 식으로 부담 주는 일은 금물이다. 만약 모임에서 몇 번 만난 관계일 뿐인데 이렇게 부담을 준다면 그는 네 전화조차 받고 싶지 않을 것이다. 관계 자체가 영영 끊기고 만다.

셋째, 그 일이 꼭 부탁해야 할 만큼 충분히 중요한지도 생각해봐야 한다. 나에게 별로 중요하지 않은 사소한 부탁을 하는 바람에 상대와의 긍정적인 에너지를 써버리면 나라는 존재는 그에게 채무감만 남고 인맥은 힘을 잃고 만다.

우리의 사회생활은 짧다면 짧지만 어찌 보면 한없이 길다. 그 긴 시간 동안 힘든 일이 생길 때마다 누군가에게 부탁을 한다면 어떻게 될까? 사람들은 대개 부탁을 잘 들어주는 사람에게 재차 부탁을 한다. 그 결과 나의 부탁을 잘 들어주던 사람은 지쳐서 결국 나를 피하게 된다. 뿐만 아니라 내가 자주 부탁을 한다는 소문이 돌게 되면 나는 기피 인물 1호가 될 것이다.

그러므로 부탁할 때에는 정말 누구나 다 인정할 만큼 중요한 일을 부탁해야 한다. 부탁받은 사람이 '본래 부탁을 하지 않는 사람이 어렵게 부탁해왔는데, 어떻게 일이 되도록 하지?'라고 할 만큼 아주 결정적일 때 해야 한다.

모임에 나가 보면 모임의 일원들을 대상으로 예금, 보험, 펀드, 자동차영업을 하는 이들을 흔히 본다. 이는 절대 현명한 행동이 아니다. 가까운 사람일수록 그런 일로 귀찮게 하지 않는 게 좋다. 사소한 부탁을 자주 하면 인간관계에 거리감이 생기고, 진짜 중요한 일로 부탁해야 할 때는 이미 관계가 소원해진 상태다.

넷째, 부탁은 아주 구체적이어야 하고, 부탁을 하는 너와 부탁을 들어주는 그, 그가 다시 부탁을 하게 될 제3자 모두에게 득이 된다는 걸 설득할 수 있어야 한다. 유효한 부탁을 하고 싶으면 현재 얽혀 있는 일의 구조에 대해 쉽고 명확하게 설명할 수 있어야 한다.

스스로 아무런 노력을 하지 않아 아무 이력도 없는 상태에서 "어떻게 좀 도와주세요"라고 해서는 안 된다. 사람들은 가능성이 있는 일에 뛰어들고 싶어 한다는 사실을 기억하기 바란다. 지나치게 막막한 부탁은 상대를 화나게 만드는 것은 물론 금세 잊어버리기 쉽다.

'다 잘되고 있는데, 막혀 있는 한 가지 일을 해결하고 싶다. 그 키를 쥐고 있는 사람이 바로 당신의 지인이다. 그가 그 일을 컨트롤하는 것으로 알고 있다. 내가 제안하는 일은 키를 쥐고 있는 그 사람에게도 혜택이 갈 것이다'라는 논리를 준비해 설명하는 것이 필요하다.

만약 네가 어떤 공사를 수주한다고 하자. 그 일을 하는 데 '을'인 우리 회사가 가장 적격일 경우, '갑'에게 우리 회사가 반드시 그 일을 수주해야 한다는 당위성을 구체적이고 논리적으로 설명해야 한다. 왜냐하면 중간에서 다리 역할을 하는 사람이 '나도 좋은 일을 하고 있다'고 느껴야 하기 때문이다. 현명한 부탁은 어느 한쪽이 일방적으로 이득을 보는 것이 아니라 모두가 득을 보는 것이다.

'육하원칙'에 의거해 부탁하라

내가 직장 생활할 때의 일이다. 하루는 전 직장 후배가 거의 10여 년 만에 찾아왔다. 내가 대리 때 그는 평사원으로 있었는데, 아주 친하게 지냈다. 그동안 나는 무척 바쁘게 지냈고, 그에게서 통 연락이 없었기에 그와 소원하게 지낸 지도 꽤 됐었다. 그런 이유로 그의 근황을 알지 못한 상태였다.

불쑥 찾아온 그는 만난 지 5분도 안 되어 나에게 일자리를 알아봐 달라고 부탁했다. 어떤 일자리를 원하며, 자신이 어떤 일을 할 수 있는지, 우리 회사에서 어떤 도움을 줄 수 있는지에 대해서는 아무런 설명도 없이 무작정 "알아봐 달라"는 식이었다. 그가 최근 몇 년간 무엇을 했는지, 어떤 능력이 있는지 아무것도 모르는 상태에서 그저 우리가 과거에 친밀하게 지냈던 일만 생각하고 나를 찾아온 것이다.

그럴 수도 있다. 하지만 당시 나는 회사에서 복잡한 일을 맡아 진행하는 바람에 정신적 여유가 없었다. 과거의 의리를 생각하면 좋게 이야기할 수도 있었지만 스트레스받는 상황에서 말이 좋게 나오지 않았다.

"아니, 너는 지금 나이가 몇인데 이런 식으로 직장 부탁을 하는 거야?" 그렇게 나무랐던 것 같다. 어렵게 찾아온 후배에게 조금 심한 말을 했다는 생각에 지금도 후회는 되지만 같은 상황이 또 온다고 해도 똑같은 말을 했을 것 같다.

현대인들은 누구나 바쁘게 살아간다. 그래서 늘 어떻게 하면 자신이 맡은 일을 효율적이고 효과적으로 처리할 것인지 궁리한다. 이렇게 타이트하게 살아가는 사람들에게 잠시 알았던 사람이 찾아와 막무가내로 도움을 요청하는 건 큰 실례다. 상대는 나에게 무엇을 도와주어야 할지 알 턱이 없고, 왜 도와야 하는지도 모른다. 막연하게 자신을 도와달라는 것은 프로 직장인의 자세가 아니다.

그러기에 뭔가를 부탁할 때는 정확하게 무엇을, 어떻게 도와주기를 원하는지 명확하게 말해야 한다. 사안이 간단하지 않을 때는 간략하게 서면으로 정리해서 보여주는 것도 좋다.

내 글을 읽고 타인에게 뭔가를 부탁한다는 것은 정말 어렵다는 생각이 들 것이다. 게다가 그런 부탁을 할 정도로 장기간에 걸쳐 인맥을 쌓아 왔던 과정을 생각하면 마음은 더욱 무거워진다. 그나마 긍정적인 사실은 사람들이 '실현 가능성이 있는 부탁'에 자신의 숟가락을 놓고 싶어 한다는 것을 잊지 마라. 그러니 면밀하게 살펴서 확률적으로 가능성이 높은 일을 부탁하는 게 유효타가 된다. 그렇게 할 경우 부탁을 거절하고 거절당하는 민망한 상황도 피할 수 있다.

그런데 개중에는 이렇게 어려운 일이 끝났을 때 일의 성사 여부와 상관없이 '나 몰라라' 하고 연락을 끊어버리는 사람도 있다. 이런 경우는 가장 안 좋은 인간관계의 사례이고 최악의 처세다. 인맥의 목표는 그것을 활용하는 데 있는 것이 아니다. 사람을 만나고 관계를 이어가는 것 자체에서 기쁨을 느껴야 한다. 사회생활을 하는 직장인들이 가장 싫어하는 사람의 유형이 바로 필요할 때만 연락하는 유형이다. 그런 사람은 주변 사람들의 블랙리스트에 오르지만 그것을 본인만 모르고 지낸다.

부탁을 했다가 거절당했을 때 순간적으로 기분이 나쁠 수 있다. 그렇다고 충동적인 감정에 이끌려 연락을 끊어서는 안 된다. 잠시 서운할 수도 있겠지만 친밀한 관계를 꾸준히 유지해야 한다. 속내를 알고 보면 상대가 도와주지 못할 상황이었거나 일이 어려워서 그랬을 수도 있다.

뭔가 부탁을 하려면 그 대상과 평소에 꾸준한 관계 형성이 되어 있어야 한다. 내가 어려운 상황이라 도와달라고 하고 싶지만 지속적으로 친밀한 관계를 유지하지 못했다면 연락해서는 안 된다. 그것은 하나마나한 일일뿐 아니라 오히려 지금까지의 관계마저 무위로 돌릴 수 있다.

  대부분의 일은 혼자만의 힘으로는 이루어내기 힘들다. 일생에 걸쳐 단 한 번의 부탁으로 안 될 일도 되게끔 돌려놓을 수 있는 게 세상사다. 그 한 번의 유효타를 위해 인맥을 만든다는 생각을 해야 한다. 인맥은 그럴 때 빛을 발한다.

과한 요구를
끊어내는 한 마디 "No!"

● ● ●

　　너는 직장 생활을 하면서 상사로부터 이런저런 요구 사항이나 지시를 받고 있을 것이다. 게다가 상사의 지시는 물론이고 고참들의 요구도 끊이지 않는다. 이때 '해야 할 일이 많아 지금 그 일을 할 수 없다고 말하면 나를 좋지 않게 생각하거나 화를 내겠지'라는 생각에 일단 그들의 요구를 허용하게 된다.

　　문제는 그다음부터다. 일이 너무 많아 일의 순서를 정하지도 못하고 중구난방으로 진행하다 보면 어느 것 하나 제대로 마무리를 못하고 퇴근 시간만 하염없이 늘어진다. 입으로는 "일이 해도 해도 끝이 없다"고 투덜거린다. 분명하게 마무리되는 일 없이 다음 날 또 새로운 일을 떠맡는다.

　　이런 식으로 일을 쌓아놓는 사람들이 의외로 많다. 일을 빨리 해내지도, 그렇다고 체계적으로도 하지 못하면서 거절까지도 못하는 사람들 말이다. 결과적으로 어떻게 될까. 여기저기서 펑크가 나서 일을 시킨 상사나 고참들에게 책망을 받게 될 것이다. 그 결과 평판은 점점 나빠지고, 스트레스는 갈수록 쌓인다. "○○에게 일을 맡기면 되는 게 하나도 없어. 모든 일을 떠맡고 앉아서 뭉개고 있어. 일을 맺고 끊는 법을 몰라"

기대치를 관리하라

네가 반드시 기억해두어야 할 것은 직장 생활에서 상사나 고참들과의 관계에서 기대치 관리expectation management가 중요하다는 것이다. 그들이 나에 대해 너무 큰 기대를 하면 그만큼 큰 실망을 안겨줄 수밖에 없다. 그러나 별 기대를 하지 않은 상태에서는 상대적으로 만족감이 커질 수 있다. '이 일도 하겠습니다, 저 일도 하겠습니다', '일단 해보겠습니다'라고 말하면 일을 시키는 사람으로서는 어느 정도 결과를 기대하게 된다. 그런데 결과가 실망스러우면 너에 대한 이미지만 나빠진다. 이렇게 되면 결국 너는 너에 대한 기대치 관리에 실패했다고 볼 수 있다.

상사나 고참의 지시가 과도할 때는 처음부터 분명하게 "저는 못합니다"라고 못 박아야 한다. 이어서 네 상황을 설명하는 것이다. "저는 이미 이런저런 업무를 맡아 새로운 일을 맡으면 그 일을 맨 나중에 할 수밖에 없습니다"라고 논리적으로 설명해야 한다.

이런 말을 하는 것이 생각만큼 쉽지는 않다. 상대는 상사나 고참들이다. 그러니 거절하기가 힘들 것이다. 하지만 잘 생각해보자. 거절할 때의 상황이 어려울까? 아니면 일을 잘못했다고 책망받을 때가 더 어려울까? 저울질해봐야 한다. 당연히 책망받는 것보다 거절하는 것이 더 낫지 않을까. 따라서 앞의 상황을 겪지 않으려면 과감하게 거절할 줄 알아야 한다.

거절은 예의 바르지만 칼 같은 분명함으로

어떻게 거절하는 게 좋을까. 우선 설명을 잘해야 한다. 추가로 업무를 맡기려고 하는 상사에게 "지금 제가 중요한 업무 A를 내일까지는 마쳐야 합니다. 그리고 모레까지 업무 B를 해야 합니다. 그러고 나서 주신 일을 마무리하도록 하겠습니다. 그래도 되겠습니까?" 하고 물어라. 아마 십중팔구는 "알았네. 이 일은 다른 사람에게 맡길 테니 신경 쓰지 말게"라고 할 것이다. 이 정도면 부드럽게 거절했다고 볼 수 있는데, 여기서 좀 더 나아갈 수도 있다. "제가 그 일을 하고 싶습니다. A, B를 진행한 후 착수해도 가능한가요? 시간 여유가 있다면 제가 진행하면 좋겠습니다"라고 말한다면 적극성을 어필할 수 있다.

이러한 경우 그 일은 다른 직원에게 배당된다. 자신들이 시킨 일이 빨리 진행되기를 원하기 때문에 바쁜 직원에게 맡겼다가 펑크가 나도록 보고 있지 않는다.

자신의 상황을 정확하게 파악하지도 못한 채 덥석 일을 맡았다가 나중에 가서야, "제가 아직 업무에 서툴러 자신이 없습니다"라고 내빼는 건 바람직하지 못하다. 자신이 미숙한 부분이 있다는 걸 인지했을 때에는 처음부터 "제가 진행하면서 잘 모르는 게 있으면 연락드려서 여쭤봐도 될까요?"라고 말하는 것이 좋다.

거절은 팀 내에서는 물론이거니와 팀 밖의 인간관계에서도 매우 중요하다. 무조건 자기 회사와 거래를 터달라는 학교 선배, 회사 내부의 정보를 알려달라는 전 동료들의 요청은 마땅히 거절해야 한다.

업무뿐 아니라 직장 동료와의 관계에서 금전 거래 역시 분명하게 선을 그어야 한다. 최근에는 대출을 받을 때 연대보증제도가 폐지되어 상관없어졌지만 예전에는 빚보증 한 번 잘못 서는 바람에 집이 풍비박산 나는 경우가 많았다. '집 안의 모든 집기에 빨간딱지가 붙어 고생했다'는 이야기를 많이 들었을 것이다.

요즘은 돈이 필요하면 금리가 다소 높은 단점이 있지만 금융권에서 소액 대출이 가능하다. 그럼에도 불구하고 돈을 빌려달라는 동료나 동기들을 만날 것이다.

돈을 빌려달라는 사람의 심정은 그만큼 다급해서이기도 하고, 또 "네가 나를 믿고 이 정도는 해줄 수 있겠지. 내가 그동안 너한테 해준 게 얼만데" 하는 감정적인 면이 있다. 대부분의 사람들은 돈을 빌려간 후 잘 갚으며, 1회성으로 끝날 때가 많다. 그런데 상습적으로 남에게 돈을 빌려 갚지 않는 사람들이 있다. 처음에는 잘 갚다가 갈수록 빌려달라는 액수가 점점 커지는 경우도 있다. 결국 돈 문제로 스트레스를 받아 관계에 금이 갈 수밖에 없다.

돈 문제는 인간관계를 망가뜨리는 주요 이슈 중 하나이기 때문에 가급적 지인 간의 돈 거래는 하지 않는 게 좋다. 과감하게 "지금은 여유가 없다"고 말해야 한다. 잘라 말하는 게 부담스럽다면, "부모님이 돈 관리를 하시고 용돈만 받아 써서 여유가 없다"거나 "얼마 전에 살림을 장만해서 카드값을 갚느라 벅차다"고 핑계를 대는 것이 좋다.

내가 오랫동안 증권회사에 다니면서 느낀 점은 사람들 중에는 돈에 대해 지나치게 감정적인 유형이 있는 반면에 아주 논리적이고 냉정한 유형도 있었다. 너에게 권하고 싶은 유형은 후자다. 그래야 돈으로 고생을 덜한다.

또래끼리만 어울리면
우물 안 개구리 된다

• • •

한국 사업가들과 거래를 해본 중국 사업가들이 공통적으로 하는 말이 있다. 한국 사업가들은 똑똑하고 확실한 사람들이어서 이들을 어설프게 대하면 큰코다친다는 것이다. 계약도 확실하고, 이행도 빠른 만큼 상대 거래처에도 철저하게 해주기를 원한다는 것이다. 어떤 면에서 거래하기 아주 편안한 상대라고 한다. 아주 좋은 평가다.

그리고 바로 이어지는 이야기가 재미있다.

"하지만 아무리 오래 거래해도 한국 사업가들과는 친구가 되기 어렵습니다."

왜 친구가 되기 어려운 것일까. 언어적인 장벽이 문제는 아닐 테고, 무엇이 장애가 되는 걸까?

거래 관계를 오래 유지하며 친해진 중국 사업가가 한국 사업가와 함께 저녁식사를 하게 되었다. 그 자리에서 중국 사업가가 먼저 "우리가 그동안 거래를 성공적으로 해왔고, 서로 잘 아는 사이이니 이제 친구로 지냅시다"라고 제안했다. 그러자 한국 사업가가 물었다.

"저, 무슨 띠신지…?"

나이를 묻는 것이다. 우리의 문화는 연령대가 비슷하지 않으면 친구가 되기 어렵다고 생각한다. 나보다 나이가 여덟 살이나 어린 사람, 혹은 열 살이나 많은 사람과 친구가 될 수 없다는 게 우리 정서다.

하지만 중국은 같은 유교문화권이긴 하지만 장유유서라는 말을 우리나라처럼 엄격하게 적용하지 않는다. 존댓말도 우리나라만큼 복잡하지 않은 것으로 알고 있다. 나이가 다섯 살 어린 직장 동료와 주말에 낚시를 가도 자신의 몫은 스스로 준비한다. 절대 대접받으려고 하지 않는다.

하지만 우리나라의 경우 나이차가 있는 선배라면 제대로 대우해야 하고, 깍듯이 존댓말을 해야 한다. 나이차가 있는 사람과의 교제가 쉽지 않은 문화다. 우리나라가 세대 간 단절을 경험하는 이유도 지나친 장유유서 문화가 바탕에 깔려 있기 때문이다.

지인 중에 이를 잘 이용하는 사람이 있다. 그는 거래처 사람과 만나서 조금만 친숙해지면 의례적으로 하는 게 있다. 우선 나이를 묻고 관계를 정리하는 것이다. 상대가 한 살이라도 많으면 무조건 '형님', 어리면 '아우', 동갑이면 '야!'다. 우리의 심각한 장유유서 문화에 아주 특화된 처세다.

장유유서 문화는 어린 세대로 내려가도 거의 비슷하다. 10대, 20대도 한두 살 정도의 차이를 가지고 꼭 형님 대접을 받으려 한다. 이를 제대로 준수하지 않으면 관계가 서먹해진다.

나보다 나이가 많은 사람을 대접하는 것은 좋은 문화다. 하지만 오로지 나이라는 숫자에 매몰되어 소위 '군기'를 잡는 것은 결코 바람직한 행동이 아니다. 같은 나이대의 사람들하고만 어울리다 보면 결국 나의 교제범위는 좁아질 수밖에 없다. 나와 연령대가 다른 사람들과 어울리다 보면 내가 경험하지 못한 것을 간접적으로 배울 수 있지만 세대 간에 분리가 되면 소통이 이뤄지지 않는다.

20, 30대 직장인에게 정말 필요한 인맥은 본인보다 나이가 많은 사람들이다. 적게는 서너 살에서 많게는 일고여덟 살 정도까지는 친밀감을 갖고 만날 수 있다. 그 정도 연령대의 업계 선배들은 너에게 큰 도움이 되는 층이다. 사회생활을 충분히 한 그들은 신입 사원들을 보면 도와주고 싶어 한다. 너와 같은 연령대의 사람들이 어려워할 때 네가 거리낌 없이 다가간다면 선배들의 이목이 너에게로 집중될 것이다.

과거 상사들과의 끈을 놓지 마라

직장에서 만난 상사들과는 나중에 좋은 인맥이 될 수 있다. 회사를 옮기거나 부서를 옮기면 상사도 바뀐다. 소속이 바뀌었다고 해서 인연의 끈을 놓아서는 안 된다. 이제는 그가 나의 상사가 아니라 할지라도 같은 업계에 몸담고 있는 이상 언젠가는 다시 만날 수 있다. 내가 회사(또는 부서)를 옮기든지 그들이 옮기든지 간에 말이다.

혹은 내가 이직한 회사의 상사와 전 직장 상사 간에 친분이 있을 수도 있다. 인연은 돌고 도는 것이며, 세상은 생각보다 좁다.

지금 나의 상사가 미래의 나의 거래처가 될 수도 있고, 또다시 상사가 될 수도 있다. 그가 막강한 '슈퍼 갑'으로 변할 수도 있고, 중요한 비즈니스의 협업 관계가 될 수도 있다. 미래의 일을 누가 알겠는가. 서비스 마케팅의 대가인 장정빈 교수가 말했다. "적어도 내가 먼저 돌아눕지는 말아야 한다"

문제는 신입 사원들이 이러한 진리를 고리타분하게 생각한다는 사실이다. '이제 다시 볼 일도 없는데' 혹은 '이젠 내가 부하 직원도 아닌데 뭘 어쩌겠어'라는 식으로 사회에서 맺게 된 인간관계를 가볍게 보는 사람도 있다. 한 예를 보자.

A는 회사에 입사한 지 얼마 안 되어 그만두어야겠다는 생각을 했다. 회사 분위기도 연봉도 그다지 마음에 들지 않았다.

'나 정도 스펙을 가진 사람이 고작 이런 회사에 다닐 수는 없지'

며칠 고민하던 그는 결심을 굳힌 다음 날부터 출근하지 않았다. 상사에게는 '저랑 맞지 않는 것 같아서 회사를 그만두기로 했습니다. 죄송합니다'라는 문자 메시지를 보냈다.

A는 그동안 고민하던 문제가 마무리되자 속이 후련했고 훨씬 더 나은 직장에서 근무할 수 있으리라는 기대에 들떴다. 하지만 상사는 문자 메시지로 퇴직 의사를 밝힌 A에 대한 불쾌감을 지울 수가 없었다.

과연 A가 좁은 업계에서 최소한 상사의 친구 또는 선후배를 만나지 않는다고 장담할 수 있을까. 아니, 다음 회사 또는 그다음 회사에서 첫 직장의 상사를 만나지 않는다고 보장할 수 있을까.

눈앞의 사람에게 최선을 다하라

의외로 많은 사람들이 자신이 속한 조직 또는 현재 나와 협업 관계의 사람을 '무시'하는 경우가 있다. 대신 자신이 속하지 않은 조직 또는 만난 적이 없는 사람에게 '막연한 동경'을 품는다. '적어도 지금 이곳보다 또는 이 사람들보다 나을 거야'라며 근거 없이 이상화理想化한다. 하지만 단언컨대 현재 내 눈앞에 있는 사람, 혹은 내가 속한 조직에 최선을 다하지 않는다면 '다음'이나 '그다음'을 꿈꿀 자격도 없다.

현재 나와 함께 하는 사람, 나의 상사에게 최선을 다하라. 사회의 관계망은 인간관계로 이루어져 있다. 특히 직장 상사는 사회인으로서의 나를 평가하는 매우 중요한 존재다. 내가 어디로 자리를 옮긴다 해도 나에 대한 그의 평가는 꼬리표처럼 계속 따라다닐 것이다. 전 직장 상사가 '강추'하는 직원이라면 믿음이 갈 수밖에 없다. 전 직장 상사만큼 파워풀한 '추천인'은 없다. 최근에는 경력 사원을 뽑을 때 전 직장에서의 근무 태도를 문의하는 회사가 많아지고 있음을 명심해야 한다.

따라서 상사와의 관계를 원만하게 유지하면 현 직장에서 안정적으로 일할 수 있는 것은 물론 이후 이직을 하더라도 도움을 받을 수 있다.

나는 몇몇 외국 회사에서 일했는데 과거의 상사들과 가능하면 연결 고리를 놓지 않는다. 상사들 중 몇몇은 본국으로 돌아가 만나기 어렵기도 하고, 세상을 떠난 사람도 있지만, 서울에 사는 사람도 있다. 그중 한 사람인 B가 우연히 서울 주재 외국 기업인 모임에서 내가 당시 다녔던 회사의 외국인 상사 C와 만나게 되었다.

C의 회사 명함을 본 B는 선뜻 내 이야기를 시작했고, 아주 좋게 이야기해주었다. B는 나에 대해 "ten out of ten"(10점 만점에 10점)이라고 치켜세웠다. 나중에 C는 나에게 옛 상사에게도 인정받는 것을 보니 믿음이 더욱 커

지고 호감도도 더 높아졌다고 말했다.

회사를 그만둔 후에도 나는 가끔 B와 만나 식사를 같이 하며 친분을 유지했다. B가 갖고 있는 나에 대한 인상이 결코 이런 행동과 무관하지 않을 것이다.

이미 조직생활이 끝났는데도 계속 친분을 유지하는 사람은 은연중에 인간적으로 성숙하고, 성격도 좋을 것이라는 기대감을 갖게 한다. 사실 소속감에서 해방된 뒤에도 여전히 격의 없이 전 동료들과 잘 어울린다면 폭넓은 인간관계를 형성하는 데 성공했다고 볼 수 있다.

그러나 의외로 많은 젊은이들이 상사가 회사나 팀을 떠나면 연락을 하지 않는다. 윗사람이라 어려워서인지, 섭섭한 일이 생각나서인지, 지금의 직장에서 정년 퇴직할 때까지 근무할 수 있으니 떠난 상사는 다시 볼 이유가 없다고 여기는 걸까? 아니면 지금 업무에 몰두하느라 정신이 없어서 그런지, 생각은 있는데 행동이 안 따라서 그런지 알 수는 없다.

하지만 어떤 어려움이 있어도 옛 상사와는 정기적으로 연락하며 지내는 게 좋다. 그들에게 특별히 사랑받지 못했다 하더라도 너 자신을 위해 끈을 놓지 마라. 그는 정기적으로 연락을 주는 너를 고마워할 것이고, 이는 네 인생에 플러스가 되면 되었지 절대 마이너스는 안 될 것이다.

의리 있는 사람이 똑똑한 사람을 이긴다

사회생활을 하면서 반드시 알아두어야 할 점은 세상에는 똑똑한 사람은 많지만 의리 있는 사람은 드물다는 사실이다. 직장 생활을 오래한 누구에게 물어봐도 그렇다. 그래서 직장에서는 의리파가 더 인기 있다. 김보성

씨 같은 연예인이 인기를 끄는 이유도 우리 사회가 의리에 목말라 있기 때문이 아닐까. 어쨌든 옛 상사와의 좋은 관계는 너를 신뢰감 있는 사람이라는 이미지를 남길 것이다.

인맥 만들기의 중요성을 감안할 때, 너를 이미 알고 있는 직장 선배와 상사들을 너의 서포터스로 만드는 것은 너무도 쉬운 인맥 만들기 방법의 하나다. 그런 선배들로부터 실질적인 도움뿐 아니라 당장 삶에 필요한 조언도 들을 수 있다. 네가 어려운 상황에 직면했을 때 업계와 회사 상황을 잘 알고, 또 네 캐릭터까지 잘 아는 전 상사가 적절한 조언을 해준다면 얼마나 좋겠는가.

든든한 인생 선배가 있다면 함께 대화를 나누는 것만으로도 스트레스를 상당 부분 덜 수 있다. 매일 어울리는 동료들과 퇴근 후 한잔하는 것도 좋지만 가끔 훌륭한 업계 선배인 전 상사와 차 한 잔 나누는 시간을 가져라.

이때 주의할 점은 사람과의 관계에서 '언젠가 도움 받는 날이 있겠지'라는 생각을 갖고 만나서는 안 된다는 것이다. '이 사람은 만날 때마다 신선하다', '늘 깨우침을 준다', '같은 이야기를 해도 사람을 웃게 만드는 매력이 있다', '나도 그처럼 교양 있는 사람이 되고 싶다', '에너지가 넘친다' 등의 순수한 동기가 있어야 한다.

그렇지 않을 경우 은연중에 순수하지 못한 의도가 드러나서 관계가 깨질 수 있다. 사회학자인 웨인 베이커 미시간대학교 교수의 말을 기억해두어라. "단지 뭔가 도움 받을 목적으로 인맥을 쌓으면 성공하기 어렵다. 그것을 추구한다고 반드시 얻을 수 있는 것도 아니다."

동료와는
업무로 친해져라

....

　　회사도 작은 사회다. 회사 생활을 하다 보면 나와 잘 맞는 사람도 있고, 그렇지 않은 사람도 있지만 회사는 영리를 목적으로 모인 집단이므로 기능적으로 뭉쳐야 한다.

　　A는 최근 마케팅팀으로 인사 발령을 받았다. 그는 예전에 수년간 근무했던 총무팀 사람들과 친밀하게 지냈고, 그중 특히 B와는 아주 마음이 잘 맞았다. 그래서 점심때는 그에게 연락해 같이 식사하고, 업무 도중 잠깐 쉴 때도 그와 만나 이야기를 나눴다. 회사 단합대회 겸 MT에서도 그와 함께 있었다. 게다가 업무시간 틈틈이 메신저로 대화를 나눴다.

　　주변 사람들은 "두 사람 사귀는 것 아냐?"라고 농담처럼 물었지만 A는 주위의 시선을 신경 쓰지 않았다. 문제는 팀 내의 직원들이 A와 대화를 나눌 기회가 없어졌다는 것이다. 늘 B와 어울리다 보니 A에게 다가갈 수조차 없었다.

그러던 중 경영진으로부터 팀별로 내년도 사업계획서를 제출하라는 지시가 내려왔다. A와 B는 각각 자기 팀에서 앞으로의 신상품 전략에 대한 기획물을 만들었다.

발표 당일, 각 팀의 발표를 듣던 중 총무팀이 발표를 시작하자 마케팅팀장은 놀라지 않을 수 없었다. 마케팅팀의 포맷과 상당 부분 일치했기 때문이다. 총무팀 발표 이후 마케팅팀장이 발표를 시작하자 사람들이 웅성거리기 시작했다. 두 팀의 발표 포맷이 너무나 비슷했고, 배경 디자인까지 흡사했기 때문이다. 발표는 별 문제 없이 끝났지만 마케팅팀장은 A를 다그치지 않을 수 없었다.

지나치면 모자람만 못하다

업무와 관련 없는 다른 부서의 직원과 친하게 지낼 수는 있다. 하지만 특정인과 과도하게 어울리게 되면 정작 자기 팀원과는 소통할 기회가 없어진다. 그리고 이런 일이 잦다 보면 자기 팀 내의 비밀 이야기가 나오게 마련이고, 그 와중에 자칫 중요한 정보를 노출할 수도 있다. A처럼 행동하다가는 팀원들에게서 소외되는 것은 물론이고 인사고과에서도 좋은 평가를 받을 수 없다.

게다가 당사자의 인간관계 역시 제한적일 수밖에 없고, 팀워크를 강조하는 팀장이나 팀원들에게 부담스러운 직원일 뿐이다. 팀 이동이 있을 경우 새로운 팀원들과 어울리는 것보다 전에 알고 지내던 동료가 더 편하다 해도 새로운 팀원들과 친해지도록 노력해야 한다.

앞의 이야기에 등장하는 A는 팀장에게 호되게 질책을 당했다.

"말해봐. 당신이 총무팀에 우리 신상품 발표 자료와 관련해 말해준 거 아니야?"

"아닙니다. 만나도 업무적인 얘기는 전혀 안합니다. 우연의 일치입니다."

아무리 항변해도 팀에서 그의 말을 믿어줄 사람은 없다. 만약 앞으로도 행동이 변화하지 않으면 A는 다음 인사 때 다른 팀으로 이동해야 할 사람 1순위가 될 것이다. 그렇게 짧은 시간에 팀 인사 이동을 두 번씩이나 하게 되면 그는 회사 내에서 문제 있는 직원으로 낙인찍히게 된다.

다른 팀원이지만 친밀하게 지내는 직원이 있다면 퇴근 후나 주말에 어울리면 된다. 회사 내에서는 현재 자신이 속한 팀의 구성원들과 우선적으로 친분을 쌓도록 해야 한다.

업무로 사람들과 친해져라

사내에 비선 조직 또는 사적 조직이 있는 회사가 있다. 임원급의 특정 인과 긴밀히 연결되어 있는 조직원은 사무실에서 일어나는 이런저런 일을 상부에 보고하면서 자신도 보호를 받는다. 공공연히 그러한 라인을 부각시키는 회사도 있다. 조직 관리를 위해 의도적으로 그런 방법을 쓰는지, 아니면 어쩌다 보니 그렇게 되었는지는 분명치 않다. 기업체가 아직 선진화되지 않아서 그렇다고 볼 수 있지만 다국적기업들조차 그런 행태를 보이는 곳이 있다.

내가 몸담고 있는 직장이 그런 후진성이 아직 남아 있고, 내가 중간 간부라면 그런 부분을 완전히 무시해야 할지 아니면 나 역시 그런 라인에 기대어가야 할지 생각해봐야 할 것이다. 하지만 신입 사원 내지는 갓 신입 티를 벗어난 경력 직원이 그런 라인에 기대거나 사적 조직에 가담하는 것은 위험한 행동이다.

왜냐하면 그런 라인이나 조직이 얼마나 오래 갈지 알 수 없기 때문이다. 이런 통계를 주목해보자. 요즘 상장 기업의 수명은 거래소 기업 32년, 코스닥 기업 12년 정도로 평균 22년 정도이다. 우리가 회사의 미래를 예측하고 입사하는 게 아니므로 랜덤으로 생각해도 입사 후 평균 11년이 지나면 회사는 위기를 맞는다는 계산이 나온다. 위기란 부도, 법정관리를 받게 되는 일, 대주주가 바뀌어 새 점령군이 들어오는 일, 경쟁사에 먹혀 우리 회사가 흔적도 없어지는 일, 아예 공중분해되어 없어지는 상황 등이다.

이때 지난 정권에 정치적으로 관여했던 직원들은 구조조정의 우선순위가 된다. 아마 사원, 대리, 과장급이라면 별 문제가 없어도 팀장급 이상인 부장이나 임원들은 입지가 어려울 수 있다고 봐야 한다.

운 좋게 살아남는다 하더라도 대부분의 인수자들은 인수 초기에 전 정권의 실세를 이용하다가 안정권에 들어서면서 이용 가치가 없어지면 그들을 버리고 자기 쪽 사람들로 자리를 채운다.

인간만사가 그렇다. 이때는 오히려 무색무취하지만 능력 있는 중간 간부가 살아남을 가능성이 크다. 그렇기에 어떤 경우든 직장 생활 초기부터 정치적 편가르기에 베팅하지 마라. 업무로 사람들과 친해지고 인정받아라. 그게 답이다.

진짜 일꾼은 바탕이 순수하고, 순리를 따르며, 상대의 이야기를 가려듣고,
마음을 잘 살피며, 상대를 배려하고 자신을 낮출 줄 안다.

- 『논어』

STEP 5

상사를 내조하는 특별한 1퍼센트

현재의 위치보다 중요한 것은
우리가 가고자 하는 방향이
올바른지 아는 것이다.

- 셜록 홈즈

눈으로는
서로를 볼 수 없을지 모른다.
그러나 마음으로는
늘 서로를 보도록 노력해야 한다.

- 샘 레빈슨

신입 사원의
가장 큰 '고객', 상사

● ● ●

직장 생활에서 가장 중요한 사람은 누구일까? 직장은 학교와 달리 고객이 있다는 점을 앞에서 언급했다. 직장인이 부딪쳐야 할 진짜 고객은 바로 직속상사다. 신입 사원 때는 상사보다 고참 동료들과 함께 일하는 경우가 많아 피부로 느끼지 못하지만 결국 나를 평가하는 사람은 상사다.

그는 나의 인사고과에 매우 중대한 영향을 미치고, 내 직장 생활에서 가장 큰 비중을 차지한다. 아무리 좋은 직장에 취직했다 하더라도 직속상사와 잘 안 맞으면 그곳이 바로 지옥이고, 그저 그런 직장에 취직했다 하더라도 나와 잘 맞는 직속상사를 만나면 그곳이 바로 천국이다.

직장인들이 이직 사유로 흔히 열악한 근무 조건, 연봉 불만족, 비전 없는 앞날 등을 들지만, 이직을 결단하고 행동하는 직접적 요인은 직속상사와의 불화일 때다. 상사와 잘 맞으면 환경이 아무리 열악하다 하더라도 버틸 수 있지만 상사와 사이가 좋지 않으면 버틸 수가 없다. 그만큼 나와 상사와의 관계는 중요하다.

직속상사와 좋은 관계를 유지하기 위해서는 우선 많은 대화를 나누어야 한다. 처음에는 상사를 대하는 것이 어렵겠지만 그럴 때일수록 올찬 당돌함이 필요하다. 상대와 대화를 나누다 보면 서로에 대해 이해할 수 있으므로 친밀도가 높아지는 것은 당연하다.

어떤 경우에도 직속상사에게 보고하라

영어로 "당신의 상사는 누구인가?"라고 물을 때, "Who is your boss?"라고 할 때도 있지만 "Who do you report to?", 즉 "당신은 누구에게 보고합니까?"라고 묻기도 한다. 이는 상사란 곧 '내가 보고해야 할 대상'이라는 의미다. 회사 조직의 근간을 이루는 핵심은 무엇보다 보고 체계다. 부하가 상사에게 보고를 하지 않으면 상하관계가 성립되지 않는다.

그래서 상사에게 여러 안건을 보고하게 되는데, 가능하면 자주 보고하는 것이 좋다. 회사 일을 하다 보면 가끔 직속상사가 아닌 타 부서 상사의 지시를 받는 경우도 있다. 이때 역시 제일 먼저 맡은 일에 대해 보고해야 할 사람은 직속상사다. 너무 바빠 늑장보고를 하는 바람에 다른 루트로 부하 직원의 현 상황을 알고 기분 좋아할 상사는 없다. 이는 굉장히 예민한 부분이므로 웬만한 보고는 수시로 하는 게 좋다. 아무리 지나쳐도 모자라지 않는 것이 직속상사에게 하는 보고다.

A팀에 있다가 B팀에 파견 근무를 나가게 된 직원 P가 있었다. 파견을 나가게 된 계기는 B팀 팀장이 A팀 팀장에게 P를 보내달라고 요청했기 때문이다. P가 A팀에서 뚜렷하게 하는 일이 없다는 것을 알고 파견을 보내달

라고 요청한 것이다. A팀장은 흔쾌히 파견 조치를 했다. 그런데 이때부터 문제가 발생했다.

P는 가끔 A팀 사무실에 와서도 팀장에게 현재 자신의 업무 상황을 보고하지 않았다. 업무가 다르다 보니 보고할 필요가 없다고 여긴 것이다. 반면 그의 상사는 P가 간단한 인사치레만 할 뿐 자신이 맡은 업무 이야기를 하지 않자 못마땅하게 여겼다.

그렇게 몇 달이 지나 파견 임무가 끝났다. P는 A팀으로 당연히 돌아올 줄 알았지만 인사부 직원의 말을 듣고 놀라지 않을 수 없었다. A팀 팀장이 P를 받아들일 여력이 없으니 다른 팀으로 트레이드를 해주었으면 한다는 것이었다. 당황한 P는 B팀에서 계속 근무할 수 있을지 알아보았으나 B팀은 특정 업무를 잠시 하기 위해 급조된 팀이라 바로 해체된다고 했다.

P는 결국 제3의 부서(자신이 해왔던 일과 동떨어진 부서)로 발령이 났지만 졸지에 '미아' 신세가 되고 말았다. 이런 행동은 그가 처신을 잘못했기 때문에 일어났다. 파견 근무를 할 당시 직속상사에게 자신이 하고 있는 일을 구두로라도 보고했어야 했다.

직장 생활에서 가장 중요한 사람은 직속상사다. 아무리 내가 많은 고객을 확보하고 있어도 상사가 인정하지 않으면 직장 생활은 힘들어진다. 설사 내가 몸담은 전문 분야에 특화된 전문 인력이라고 해도 상사가 알아주지 않으면 하루아침에 관련 없는 부서로 밀려날 수 있다. 하루의 대부분을 보내는 직장에서 상사와 잘 지내지 못한다면 그야말로 크나큰 스트레스다.

있는 그대로의 상사를 받아들여라

만약 직장 상사가 정말 비합리적인 사람일 때는 어떻게 해야 할까? 그럴 때도 무조건 잘해야 할까? 그럴 경우에도 보고를 올리는 일이나 지시사항은 잘 이행해야 한다. 다만 일정한 거리를 두는 게 좋다.

상사도 너와 똑같은 직장인이다. 그가 네 상사라고 해서 너만 바라보는 존재는 아니다. 그저 똑같은 월급쟁이일 뿐이다. 개중에는 훌륭한 인격자도 있고, 비인간적인 사람도 있다. 또 능력이 뛰어난 사람도 있고, 그 반대인 사람도 있다. 많은 것을 바라지 마라. 상사를 있는 그대로 받아들이는 게 직장인이 가져야 할 자세다.

팀의 일이 잘 풀릴 때는 직장 상사가 천사 같지만 그렇지 않을 때는 염라대왕처럼 보일 수 있다. 빌 게이츠가 어느 학교 졸업식에서 학생들에게 들려준 이야기를 살펴보자.

"학교 선생님이 까다롭다고 생각되거든 사회에 나와서 직장 상사의 진짜 까다로운 맛을 한번 봐라."

선생님이 아무리 까다롭다고 해도 성적만 올리면 그만이지만 상사는 그렇게 단순하지가 않다. 네가 일을 잘해도 자신에게 맞춰주지 않는다며 너를 힘들게 할 수 있다.

상사는 회사로부터 많은 책임과 함께 부하 직원들을 부릴 권한을 받은 사람이다. 네가 지금 하고 있는 일들을 다 거쳐 지금의 자리에 올랐다. 만약 그가 지금의 네 업무를 정확히 이해하지 못한다 하더라도 일에 대해 전반적으로 경험을 한 사람이다. 직장 생활 10년 차 이상이면 사무실에서 일어나는 어지간한 일은 경험했다고 봐야 한다.

주위에서 아무리 네 상사를 하찮게 평가하더라도 그에 비하면 너는 아직 애송이다. 그러니 네 스스로를 위해서라도 그를 긍정적으로 보도록 해야 한다. 그런 면에서 상사는 너에게 가장 큰 '고객'이다. 그에게 인정받기 위해서는 가끔 마음을 다한 배려를 해주는 것을 잊지 마라.

고객이 사무실에 왔다면 무엇을 해줘야 할까? 이것에 대해 네가 알고 있는 것을 상사에게 행해야 한다. 고객이 답이라면 상사야말로 진짜 답이다.

직장 생활의 경험이 많은 상사는 자신에게 반감을 가진 부하가 누군지 금세 안다. 은연중에 그런 것이 배어나기 때문이다. 자신을 따르지 않는 부하 직원을 좋아할 상사는 없다. 결국 손해는 부하 직원이 보는 것이다.

상사를 이해하는 네 가지 방법

내가 당부하고 싶은 말은 해바라기가 해를 바라보듯 무작정 상사만 바라보라는 의미는 아니다. 원활한 관계를 위해서는 네가 먼저 상사를 이해해야 한다. 자, 그러면 몇 가지 관계의 포인트를 짚어보자.

첫 번째, 그가 일에 대해 어떤 생각을 하고 있는지 관심을 갖고 지켜보는 것이 필요하다. 그의 업무 방침이나 전략, 비전 같은 것을 숙지한다면 그와 같은 눈높이로 대화가 가능하다.

두 번째, 그가 요즘 무슨 일로 힘들어하는지 생각해보라. 그를 괴롭히는 일이 분명히 있을 것이고, 그 일은 대부분 복잡하게 얽혀 있을 것이다. 부하 직원 입장에서 얽혀 있는 매듭을 풀어낸다는 것은 어렵겠지만 작으나마 네가 할 수 있는 역할이 있다. 네가 그걸 해주면 상사는 무척 고마워할 것이다.

세 번째, 그가 중요하게 생각하는 것을 찾아내 그것을 실행해보는 것이다. 상사가 직원들이 일찍 출근해주기를 원한다면 그렇게 하고, 야근하는 직원을 선호하면 그렇게 하라. 구두 보고를 선호하는 것 같으면 제때 구두 보고를 하고, 보고서를 잘 써오는 걸 원한다면 보고서를 토씨 하나 놓치지 말고 신경 써서 제출하라. 과정은 무시하고 결과만 요구한다면 결과물을 가져가야 한다. 어차피 나는 그의 팀 소속의 부하 직원이니 그가 원하는 것을 들어주는 것이 정답이다.

네 번째, 그의 입장에서 팀을 바라보는 것이다. 팀이 제 기능을 못하는 이유, 팀워크가 활발하게 이루어지지 않는 원인 등 팀의 전체적인 이슈에 그는 관심이 있을 것이다. 다른 팀에서 와서 아직 팀 분위기에 적응하지 못하고 겉도는 팀원, 팀장을 우습게 아는 고참 직원 두어 명, 그의 상사인 본부장의 지시 내용 등을 잘 관찰하라. 말단 직원 입장에서 알아내기 어려운 정보지만 귀를 열고 다닌다면 충분히 알 수 있다. 적어도 아무 생각 없이 회사 생활을 해서는 안 된다.

또한 상사와 대화를 나누다 보면 의외로 자기 고집이 강하다는 것을 알 수 있다. 그 이유를 심리적으로 분석한다는 것은 다소 복잡하다. 그럴 때 네가 취해야 할 방법은 그의 생각을 있는 그대로 받아들이는 것이다. 내 의견을 개진할 기회는 얼마든지 있다. 상사의 생각이 계속 어느 한 지점에 머물러 있다 하더라도 답답하다고 생각하지 말아야 한다.

마지막으로 업무를 볼 때 상사에게 수시로 조언을 구한다면 호감을 얻게 될 것이다. 상사는 자신의 힘으로 묵묵히 일 잘하는 사람도 좋아하지만 자주 질문해 일을 그르치지 않는 직원도 좋아한다. 대부분의 직원들은 업무의 한계에 부딪히기 전까지는 상사에게 보고하지 않는 경우가 있는데, 이는 몹시 잘못된 태도다. 내 능력이 부족해 보일까봐 물어보지 않는다는 것은 내 생각일 뿐이다.

물론 대답을 해줬는데, 쉽게 이해 못하고 다시 물어본다면 짜증이야 내겠지만 일이 잘못되는 것보다는 낫다. 일은 처음 시작이 중요하다. 엉뚱한 방향으로 몰고 가서 시간을 낭비하는 것보다는 긴가민가하는 문제는 당장 물어보아라.

또한 상사가 너의 질문에 잘 답해주면 '내가 당신에게 그만큼 의지하고 있다. 당신은 나의 영원한 멘토다'라는 느낌이 들도록 적절한 감사의 말을 해주는 것이 좋다. 예컨대 "이 문제가 해결되어 가슴이 뻥 뚫립니다" "저도 나중에 팀장님 같은 사람이 되겠습니다"라는 식의 말을 해주는 거다. 이는 아부가 아니라 칭송이다. 아부와 칭송은 사실 한 끗 차이다. 진심이 있느냐 없느냐가 결정한다. 칭송을 들은 상사는 기분이 좋을 수밖에 없다. 상사뿐 아니라 선배 직원들에게도 자주 물어라. 그것이 상대방에게 호감을 사고 그들과 더 쉽게 친밀해지는 방법이다.

마거릿 미첼의 『바람과 함께 사라지다』 속의 매혹적인 여주인공 스칼렛 오하라의 행동을 보면 그녀가 얼마나 질문을 인간관계에 적절히 썼는지 알 수 있다. 사람들에게 미운 털이 박힌 레트 버틀러와 결혼한 그는 마을 부녀자들의 마음을 돌려보기 위해 자신이 이미 알고 있는 살림 노하우를 계속 질문한다. 자신은 아무것도 모르는 양 시침을 딱 떼고 말이다. 그러자 마을 부녀자들은 이 아무것도 모르는 철부지를 위해 신이 나서 살림 노하우를 전한다. 그러는 사이 그들과의 친밀감은 점점 높아져 간다. 스칼

렛 오하라는 적을 내 편으로 만드는 확실한 비법을 알고 있었던 것이다.

  만약 지금의 상사와 잘 안 맞는다고 판단될 때는 받아들이고 노력하는 수밖에 없다. 나와 잘 맞는 상사를 만나기 위해서는 70퍼센트의 운과 30퍼센트의 노력이 필요하다. 지금의 상사와 잘 안 맞는다면 내후년쯤에는 잘 맞는 상사를 맞을 것이라는 희망을 갖길 바란다. 안 맞는 상사를 피해 직장을 옮기고 싶은 생각이 들더라도 일단은 인내가 필요하다. 왜냐하면 옮겨 간 직장에서도 좋은 상사를 만날 확률은 동일하기 때문이다.

감동은 초반에,
중간 보고는 반드시

• • •

　　상사가 너의 가장 큰 고객이라면 고객감동의 이론에 따라 상사 역시 감동시켜야 할 대상이다. 그런데 실제로 상사를 감동시킨다는 것은 쉽지 않다. 그가 일반 고객처럼 감성적이지도 감정적이지도 않기 때문이다. 오히려 그는 아주 논리적이었다가, 때로는 무슨 생각을 하는지 알 수 없는 신비주의자였다가 어느 때는 냉정하고 철두철미하기까지 하다.
　　그러나 아무리 로봇 같은 인간이라 할지라도 감동이 일어날 때가 있는 법이다. 너희 팀에 팀장이 애지중지하는 직원이 있다면 분명 그는 은연중에 상사를 위해 자신만의 비법으로 호감을 사고 있는 것이다. 너도 그 직원의 노하우를 벤치마킹해라.
　　상사를 감동시키려면 그와 함께 일하게 된 초반에 노력하는 게 유리하다. 너에게 한 번 감동받아 호감을 갖게 된 상사는 여간해서는 그런 선입견을 버리지 않는다. 이른바 콩깍지가 씌는 것이다. 그러니까 "나중에 두고두고 열심히 노력하며 내 실력을 보여주겠다'고 하기보다는 처음부터 성실하게 일에 임하는 모습을 보여주는 것이 좋다. 다른 직원들 역시 처음 만난 상사에게 잘 보이기 위해 노력할 것이므로, 성실한 모습을 살짝 오버해 보여줘도 좋다.

초반에는 노닥거리는 야근이 아닌 그야말로 치열한 야근도 하고, 심지어 주말에도 가끔씩 출근해라.

기발한 아이디어를 찾기 위해 노력을 아끼지 마라. 그가 가장 중시하는 것을 위해 발 벗고 나서라. 팀을 이끌어간다는 것은 팀장 혼자서는 버거운 일이다. 그가 원하는 것을 성취하게끔 더욱 노력하고, 가능하면 쇼맨십을 해서라도 힘이 되어주어라.

사소한 지시를 기억하라

직장에서 해야 할 일은 참으로 많다. 그렇기 때문에 '일을 다 했으니 퇴근하자'라는 말은 사실 직장인에게 '맞는 어법'이 아니다. 그런 상황이다 보니 대부분의 직장인들은 자주 야근을 한다. 그런데 해내야 할 많은 업무 중에는 상사가 직접 지시한 일이 있다. 이는 어떤 업무보다 성심을 다해 이행해야 한다. 상사의 최대 관심사가 아닌가. 그 일의 성과가 좋으면 또 다른 기회로 이어질 수도 있다.

지시 사항 중에 상사가 지나가는 말로 지시한 것이 가끔 있다. 그 일도 해야 할까? 할 일도 많은데 상사가 그냥 한 번 해본 말을, 그것도 꼭 하라는 것도 아니고 그도 기억하지 못하는 일을 해야 할까? 하지만 능력 있는 직장인으로 인정받고 싶다면 이런 사소한 것도 메모해두었다가 시간 날 때 이행하라. 대부분의 직장인은 그런 지시를 한 귀로 듣고 한 귀로 흘린다. 하지만 이런 사소한 지시는 상사로부터 신뢰를 얻을 수 있는 좋은 기회다. 한 예를 보자.

팀장 A와 부하 직원 B가 대화를 나누고 있다.

"저번에 프레젠테이션한 프로젝트 건과 관련해서 말입니다."
"예, 팀장님."
"본부장님이 경영진 앞에서 보고할 때는 조금 더 요약해서 발표하라고 하는데, 가능하겠어요?"
"예, 줄여보겠습니다."
"내용에 들어간 데이터들은 출처를 밝히는 게 좋을 것 같은데. 뭐 꼭 하진 않아도 될 것 같지만."
"시간이 부족하지만 해보겠습니다."

대화가 이쯤 되면 데이터의 출처를 밝히는 것은 그다지 중요하지도 않은 일이다. 그 이후에도 A팀장은 B에게 여러 업무를 주었다. 당연히 중요하지 않은 그 일은 계속 밀려날 수밖에 없었고, A팀장조차 자신이 거론했던 '출처' 문제를 잊을 만할 시기에 경영진 앞에서 프레젠테이션을 하게 되었다. 프레젠테이션이 끝날 무렵 한 임원이 질문했다.

"네 번째 페이지에 있는 데이터가 낯선데 출처가 어디죠?"

옆에 있던 팀장이 '아차!' 하며 긴장했지만, B는 "아! 예. 그 데이터의 출처를 밝히겠습니다" 하며 표의 맨 아래에 깨알같이 쓴 각주를 읽기 시작했다. 데이터 출처를 찾는 일을 틈틈이 해놓았던 것이다.

그 일 이후 팀장은 B를 한층 더 믿음직스럽게 생각하게 되었다.
'저 친구는 일 하나는 똑 부러지게 하는군. 믿을 만해'
한 번 이렇게 믿음을 갖게 되면 웬만해서는 생각을 바꾸려 하지 않는다. 만약 다음번에 그가 설령 사소한 실수를 했다 하더라도 덮어주려고 애쓴다. '오죽 했으면 저 친구가 실수를 했을까? 내가 요즘 너무 혹사시켰나?' 하며 그에 대한 신뢰를 거두지 않는 것은 물론이고 그를 계속 자기 옆에 붙어 있게 할 것이다. 자신에게 도움이 된다고 생각하기 때문이다.
만약 B가 당시 임원의 질문에 제대로 답하지 못했다면 어떻게 되었을까. '내가 미리 말했는데. 쯧쯧, 시킨 일도 제대로 하지 않으니'라며 속으로 못마땅해했을 것이다. 발표가 끝난 후 "그러게, 내가 그거 하라고 그랬지? 거 봐. 말이 나오잖아"라고 말할 것이고, 그 후로 B가 뭘 해도 못 미더워할 것이다. 지극히 사소한 실수를 해도 믿을 수 없다며 혀를 찰 것이다.
사람의 심리라는 것이 '한 번 찍히면 영원히 찍히는' 심리적 모순이 있기 때문이다. 그래서 초반에 완벽한 모습을 보여주어야 한다는 것이다. 믿음과 신뢰는 처음에는 논리적으로 이루어지지만 나중에는 맹목적인 감정이 작용한다는 사실을 기억해야 한다.
어떤 상사는 자신이 한 말을 기억하고 집요하게 다시 찾는 경우도 있다. 부하 직원을 훈련시키기 위해 이런 일로 '군기'를 잡는 사람도 없지 않다. 다음의 대화를 보자.

(A)
"내가 지난번에 B거래처와 관련해 얘기한 게 뭐였죠?"

"예? 무슨 말씀이시죠? 잘 기억나지 않는데요."
"이 사람이? 그렇게 기억력이 없어서 무슨 일을 해?"

(B)
"내가 지난번에 B거래처와 관련해 얘기한 게 뭐였죠?"
"아, B거래처 거래 내역 확인할 때 파일 C를 확인해보는 게 좋다는 말씀을 하셨습니다."
"그렇지, 맞아. 그래서 어떻게 됐어요?"
"파일을 확인해보고 오류 두 건을 잡아서 B와 협의 중입니다. 큰 문제는 없어서 금주 안에 완료될 예정입니다. 종료되면 정리해서 보고드리겠습니다."
"그래, 수고했어요." (속으로) '역시 일을 분명하게 잘 처리하는군'

두 대화 중 어느 쪽이 더 마음에 드는가. 상사의 말을 잘 기억하는 것과 기억 못하는 것의 차이는 무한대다. 머리를 믿을 수 없다면 반드시 메모해라. 잘 적기만 해도 직장 생활이 쉬워진다.
'기록은 기억을 지배한다'는 말 들어봤을 테지? 에디슨이 평생 기록한 메모 노트가 3천4백 권이나 된다고 한다.

중간 보고는 반드시!
업무를 진행하다 보면 알겠지만 상사의 지시 사항과 실제 그것을 실행하는 것 사이에는 늘 괴리가 있게 마련이다. 중간 보고는 바로 상사가 원하는 것과 현실의 차이를 좁히기 위해 필요한 것이다. 간단한 일이라면 그럴 필요가 없겠지만 조금 복잡하다면 중간 보고는 필수다.

일을 시킨 상사는 자기 나름대로 지시한 부분에 대해 그림을 그리고 있을 것이다. 일종의 기대감이다. 상사에게 올리는 중간 보고는 그 기대치를 '관리'한다고 봐야 한다. 즉 상사가 생각하는 그림을 현실 세계에 맞춰보는 일로, 상사가 그리고 있는 그림과 현실 세계가 만나 타협하는 과정이다.

그런데 중간 보고 없이 '열심히 노력해서 팀장님을 놀라게 해야지' 하고 혼자서 꼼지락거리는 것은 좋지 않다. 이런 경우 "마음에 쏙 든다"는 말을 들을 확률은 거의 제로다. 아무런 중간 보고 없이 혼자서 완성한 결과물을 가져간다면 "왜 일을 이렇게 처리했느냐?"는 식의 핀잔을 들을 확률이 매우 높다. 상사와 너는 한 부서의 사람일지는 모르나 머릿속은 전혀 다른 행성에 가 있기 때문이다. 일은 일대로 어렵게 하고, 욕은 욕대로 먹게 된다. 상사의 실망에 "현실적인 제약이 있어 그렇게밖에 못했다"라고 항변하고 싶겠지만 그 말은 중간 보고 때 했어야 했다.

커뮤니케이션이 중요한 것은 이런 이유다. 지시 사항을 이행할 때에는 되도록 상사와 대화를 자주 해야 갭gap이 없어진다. 만약 중간 보고를 받은 상사가 깜짝 놀란다면 보고할 타이밍을 놓쳤다고 볼 수 있다. 상사가 놀랄 만한 상황이 벌어지기 전에 미리 보고해서 일이 올바른 방향으로 진행될 수 있도록 조정해야 한다.

직장인들이 뽑은 신입 사원의 실수 1위가 '잘못된 방향으로 업무를 진행하는 것'이다. 이때 선배의 조언은 다름 아닌 '모르면 알 때까지 묻고 또 물어라'다.

상사가 "○○씨가 알아서 해보세요" 하더라도 중간 보고는 꼭 해야 한다. 중간 보고는 업무의 방향을 바로잡을 수 있는 기회일 뿐 아니라 완전히 일이 틀어졌을 때의 책임도 같이 나눌 수 있기에 필요하다. 중간 보고를 받은 순간부터 상사는 그 일에 대한 책임으로부터 벗어날 수 없다. 그 이후의 상황은 그의 책임일 뿐이다.

지시 사항은 수시로 바뀔 수 있다

직위가 높을수록 일을 포괄적으로 바라보는 습성이 있다. 나무도 보지만 숲 전체를 보는 안목이 생긴다는 의미다. 등산을 가서 점점 높이 오를수록 더 넓은 풍광을 바라보듯 상사 역시 신입 사원보다 높은 자리에 있으므로, 아랫사람의 일이 한눈에 내려다보인다. 그런 만큼 상사의 지시 사항은 당연히 따라야 한다.

그런데 지시 사항이 바뀌었다고 해서 짜증부터 부리는 직원이 있다. "왜 이랬다 저랬다 하는지 모르겠어. 애초에 제대로 정해서 주든지" 그렇게 짜증을 부리는 이유는 그동안의 노력이 헛수고가 되었으니 그럴 만도 하지만 상사라고 그러고 싶겠는가? 상사의 입장을 이해할 필요가 있다.

21세기 기업 환경은 모든 것이 너무나 빠르게 변화한다. 당연히 회사도 변해야 한다. 어제의 진실이 내일은 허구가 될 수 있다. 그래서 지시 사항은 언제고 바뀔 수밖에 없다.

그렇기 때문에 상사의 지시를 받게 되면 왜 이 일을 해야 하며, 일의 중요성은 어느 정도인지, 무엇이 키포인트이며, 변수는 무엇인지 알아야 한다. 이해가 가지 않으면 상사에게 물어봐야 한다. 모든 것을 알면 지시 사항이 바뀌더라도 이해가 쉽다.

  하지만 이런 걸 파악하지 못한 채 일을 한다는 것은 의미도 찾기 힘들고, 재미도 없는, 그냥 시간 때우기식 작업이 된다. "그냥 시키는 대로 일하다가 시간 되면 집에 갈게요" 하는 것과 같고, 네 스스로 '저는 부가가치가 낮은 인재입니다'라고 인정하는 것이나 다름없다. 회사에는 이런 마인드를 가진 사람들이 의외로 많기 때문에 네가 상사의 입장에서 그 일을 지시하는 이유, 키포인트, 변수 같은 것에 조금만 이해도를 높여도 눈에 확 띄는 인재로 각인될 수 있다.

상사와의 관계,
제대로 포지셔닝하라

●●●

　　상사가 부하의 실력을 인정해주고 그의 가치를 높이 살 때, 그리고 부하 역시 상사를 존중해 그를 따를 때 상하 간의 이상적인 관계가 형성된다.

　　문제는 상사들 중에 성실하고 진정성 있는 부하 직원을 무시하고 그의 영역을 마구 침범해오는 사람이 있다는 사실이다. 그렇게 되면 부하 직원으로서는 큰 스트레스를 받게 된다.

　　"내가 야근을 자주 하니까 이제는 주말까지 나오라고 하는데, 내 개인 시간은 언제 갖지?"

　　"팀장님은 계속 나한테만 허드렛일을 시킨다니까. 정말이지 이건 불공평해."

　　"담당자인 내 의견은 무시하고 독단적으로 밀고 나가려면 왜 내 의견은 묻는 거지?"

　　"일이 잘못되면 다른 사람들은 놔두고 나만 들볶는 걸 보면 처음부터 내가 너무 쉽게 보였나봐. 할 일이 많다고 해도 들어주지 않고 일장 연설만 할 게 뻔해."

만약 네가 이런 식으로 부글부글 끓고 있다면 상사와의 관계가 잘못 포지셔닝된 것이다. 이미 상사와 나의 균형은 깨졌다고 봐야 한다. 일은 일대로 하고, 인정받지도 못하게 된 케이스다. 이렇게 상사에게 계속 당하게 되면 언젠가는 크게 폭발할 수 있다. 이는 상사와의 관계에서 가장 큰 불상사다.

상사의 요구, 버릴 것은 버려라

아무리 상사가 내 직장 생활에서 중요한 사람이라고 해도 내가 어느 선에서 균형을 잡아줄 필요가 있다. 내가 아무리 그의 부하라고 하지만, 그가 기본적으로 나의 인격을 존중하도록 해야 한다. 신입 사원이라 해도 무조건 상사에게 머리를 조아리는 모습을 보이기보다는 능력과 가치를 어필해서 함부로 대할 수 없는 존재로 각인시켜야 한다.

상사는 내 직장에서 윗사람이지 내 인생에서 윗사람은 아니다. 상사의 지시를 충실히 이행하고 친근한 모습을 보여주되 무조건적인 충성을 보일 필요는 없다. 그렇게 되면 상사가 나의 실체를 잘못 해석한 끝에 관계의 균형이 깨지면서 스트레스가 가중될 수 있다.

그렇다면 어떻게 해야 할까? 상사로부터 이런 평가를 받도록 해야 한다. "저 친구는 우리 팀의 새로운 바람이지", "일을 아주 다부지게 해. 거칠게 없어. 상사로서 우습게 보이지 않으려면 나도 처신을 잘해야 할 것 같아", "저런 직원은 꼭 필요할 때 적절히 일을 시켜야지, 아무 일이나 시켜서 지치게 하면 안 돼" 같은 식의 이미지 말이다. 부하 직원이라도 함부로 대하지 못하는 존재로 자리매김해야 한다.

따라서 상사가 과중한 업무를 계속 시키고, 결과물에 대한 칭찬이나 고마워하는 기색이 없다면 무조건 "예, 하겠습니다"라고 해서는 안 된다. 공손하지만 분명하게 네가 처한 어려움을 합리적으로 이야기할 수 있어야 한다. 권투로 치자면 작은 주먹 즉, 잽jab을 상황을 봐가며 날리라는 것이다. "제가 지금 하는 일이 너무 많고, 중요한 것들도 있어서 이 일을 할 여력이 없습니다. 대신 다른 사람에게 시키면 제가 틈틈이 지원하겠습니다"라는 식이 좋다. 거절의 의사를 밝혀도 합리적인 설명이 뒷받침된다면 무례하지 않게 보인다.

권투할 때 잽은 힘이 실리지 않아 한 대를 맞아도 부담이 없지만 그렇다고 무시할 수 없다. 잽을 날리듯 의사 표시를 하는 것은 나의 영역을 지켜줄 전선을 만드는 것과 같다. 그렇게 해야 내가 완전히 밀리다가 마지막에 폭발하는 것을 막을 수 있다.

만약 상사가 이런 이야기를 마음에 들어하지 않는다 해도 회사 구조상 상사가 1백 퍼센트 권한을 가진 것이 아니므로 자신의 지시를 합리적으로 거절한 직원을 압박하지는 못한다.

그리고 명심해야 할 것은 처음부터 완전 무장해제하고 상사에게 손들기보다 어느 선에서 그와 균형을 만든다고 생각하며 일하는 게 좋다. 최소한의 자존심과 나의 존재감을 내세우면서 상사와 타협하며 지켜보는 것이다. 꼭 기억해야 할 것은 이 모든 행동은 기본적으로 상대와의 우호적인 관계를 바탕으로 이루어져야 한다.

직장 생활을 하다 보면 상사가 부하에게 화를 내는 경우가 많지만, 어떤 부하 직원에게는 쉽게 화를 내고 어떤 직원에게는 그러지 못한다. 화를 쉽게 내는 이유는 상사가 '저 친구에게는 화를 내도 괜찮다'라고 느끼기 때문이다. 즉, 만만해 보이니까 화를 내는 것이다. 만약 내가 업무에 충분한 성과를 내면서 가끔 반론할 수 없는 합리적인 의견을 내놓는다면, 상사는 아무리 화가 나도 그것을 터뜨리지 못할 것이다. 부하 직원이지만 조심스럽고 존중하지 않을 수 없는 상대로 보이기 때문이다. 그러니 가끔은 거칠것 없는 모습을 보여줄 필요가 있다. 무엇보다 실력 있는 사람은 당당하다.

신입 사원이 상사의 꼭두각시처럼 그가 시키는 일만 100퍼센트 해내기 위해 직장에 들어온 것은 아니다. 내가 팀 내에서 해야 할 고유의 업무는 상사가 누구든 이미 업무분장상 존재하고 있기 때문이다. 자신의 역할에 충실하고 상사의 지시를 적절히 수행하되 무리한 요구를 할 때는 합리적인 선을 그을 줄 안다면 문제될 건 없다.

늘 당당해라. 그래야 모두에게 자유로울 수 있다.

상사를 위로해야 하는 순간이 있다

상사를 관찰해보면 알겠지만 조직 사회에서 위로 진급할수록 외로워진다. 승진이 좋을 것 같지만 알고 보면 동료는 줄어들고 경쟁자들만 늘어나 고통스러울 뿐이다.

팀장으로 승진이 되면 건너편에 앉은 다른 팀장들이 경쟁자가 된다. 예전에는 스스럼없이 잡담을 나누던 동료였지만 이제 경쟁이라는 커다란 벽이 가로막는다. 겉으로는 동료지만 실제로는 치열한 경쟁을 치러야 할 적

수가 된 것이다.

　직급이 높아질수록 편히 말을 터놓고 지낼 수 있는 동료는 줄어들고, 편히 점심식사를 할 만한 사람도 마땅치 않다. 점심식사 역시 회사 업무상 공식적인 식사 자리가 된다. 더 이상 신입 사원 때처럼 동기들, 동료들과 수다를 떨면서 점심을 먹지 못한다. 승진에는 이런 개인적 어려움이 따른다.

　사실 부하 직원들은 함께 일하는 상사의 속마음을 알 수가 없다. 직급이 올라갈수록 개인의 신상이나 회사의 중요한 기밀을 유지해야 하기 때문이다. 책임이 무겁다 보니 누구에게 마음 터놓고 이야기하기도 어려운 일이다. 그러니 상사는 부하인 너보다 훨씬 더 많은 스트레스를 받고 살 수밖에 없다.

　팀이나 부서의 실적이 온전히 자신의 책임이기에 더욱 그렇다. 팀이나 부하 직원들이 한 일에 대해서도 당연히 책임을 져야 한다. 그렇다고 열정적으로 일을 한다고 해서 즉각적인 효과가 나타나는 것도 아니다. 팀이 하는 일은 시간이 걸려야 결과가 나타난다.

　외롭고 고달픈 팀장에게 용기를 북돋아주어라. 기회를 봐서 상사에게 짧은 위로의 말을 건네는 것도 좋다. 사실 알고 보면 그도 너와 같은 인간이고, 너와 같은 월급쟁이일 뿐이다. 동료애를 발휘해 그의 좋은 점을 이야기해주고 격려도 해보아라.

　그가 오랜만에 새 양복을 입었거나 새 넥타이를 매고 출근했다면 멋지다고 말해주어라. 또 그의 프레젠테이션이 좋았다면, 아니 썩 잘하지는 않았다 해도 잘한 점 몇 가지를 찾아 그에게 긍정적인 피드백을 해라. 이때 관객석에서 네가 들은 다른 이의 칭찬도 곁들여라. 그는 그것을 준비하느라 적어도 일주일 이상은 고민했을 것이다. 공식적인 발표 후에 아무런 반응이 없으면 기운이 빠진다. 대부분의 직원들은 자기 생각에 빠져 있느라 주변 사람을 격려할 여유가 없다.

칭찬은 상사도 춤추게 한다

예전에 내가 아는 상사 중에 프레젠테이션을 도맡아했던 이가 있었다. 그는 직원들 앞에서 하는 강연이나 사내 행사를 마치면 퇴근하는 차에서 나에게 전화를 했다. 오늘 행사에 대해 직원들 혹은 고객들의 반응이 궁금해서다. 처음에는 눈치 없이, "별일 없이 잘 끝난 것 같습니다. 무슨 일이 있었습니까?"라고 되묻기도 했다. 사실 자세히 듣지 않았으므로 정확한 피드백을 할 수가 없었다. 한두 번 그런 일이 있은 뒤 나에게 신통한 반응을 얻지 못했던 그는 더 이상 전화하지 않았다. 상사의 진심을 뒤늦게 알게 된 나는 이후부터 프레젠테이션이 있은 날은 먼저 전화를 했다.

"오늘 도입부에 아바의 I have a dream의 유튜브를 보여주신 건 압권이었어요. 그리고 '꿈'을 주제로 한 강연은 정말 환상적이었습니다. 프레젠테이션이 끝난 뒤에도 우리는 한참을 그 자리에 앉아 있었습니다. 감동이 가시지 않아서요."

다음 날, 회사에서 그는 환한 미소로 나를 맞이해주었다.

인간은 약한 존재다. 겉보기에 강해 보일지 모르지만 알고 보면 하나같이 약한 존재들이다.

퇴근길에 카톡이나 문자를 보내보아라. 회의 때 팀장님의 말씀에 직원들의 반응이 좋았다고. 그리고 그가 회사에서 어려운 상황에 처했을 때나 새로운 프로젝트를 시작할 때, 격려의 말 한마디 해주는 것도 좋다.

늦게까지 남아 일하는 그의 안색이 안 좋아 보이면 "요즘 얼굴이 안 좋으시네요. 퇴근 후 한잔하시죠?" 하며 술자리를 제안해보는 것도 좋다. 물론 몇몇 동료 직원과 함께 하는 거다. 정 바쁘다고 하면 다음번을 기약하면 된다. 점심시간에도 그가 혼자 식사를 하는지 누군가와 점심 약속이 있는지 물어보는 것도 좋다. 물론 갓 입사한 신입 사원이 이렇게 말한다는 것은 어렵겠지만 2, 3년의 경력이 있다면 못할 게 없다. 서로 힐링해주며 사는 게 팀이다.

사정상 너의 식사 제안을 거절하더라도 그는 속으로 아주 고마워할 것이다. 이 같은 상사에 대한 배려를 직장 생활 10년이 넘어도 전혀 시도할 생각조차 못하는 사람들이 많다.

물론 대부분의 상사들이 논리적인 인물임을 감안해 칭찬할 때는 근거가 있어야 한다. 근거를 갖고 하는 칭찬은 아부가 아니다. 앞서 말했듯 칭찬과 아부의 차이는 진심의 여부다.

직장 생활을 오래 한 사람들은, "칭찬받고 기분 나빠하는 사람을 본 적 없다", "아부 같지만 그래도 좋다"라고 한다. 그러니 지나치지만 않는다면 시도해봐라.

만약 직접 접촉하기가 쑥스럽다면 다른 직원들에게 가끔씩 상사의 뛰어난 재능을 이야기해보는 것도 한 방법이다. 쉽게 말해 팀장의 팬이 되는 것이다. 좁은 공간에서 네가 한 말은 곧 팀장의 귀에 들어갈 것이고, 효과는 똑같다. 서로 간에 마음이 통하는 라포rapport가 생기면 그만큼 그와 쉽게 인간적인 관계가 형성된다. 상사가 강해 보이지만 사실은 연약한 사람이라는 사실을 꼭 염두에 두기 바란다.

상사와의 의견 충돌 시
그의 눈으로 업무를 보라

••••

　상사와 나의 의견이 다를 경우 이를 당연하게 받아들여라. 하지만 내가 현장에서 보고 느낀 정확한 사실에 대해, 그것을 깨닫지 못하는 상사를 설득하고 싶을 때가 있을 것이다. 이때 "팀장님 그것은 그렇지 않습니다"라고 대놓고 반박하기보다는 지혜롭게 언질을 주는 게 좋다.

　상사의 의견에 일단 긍정적 반응을 보인 다음 문제가 있다고 생각하는 부분에 대해 좀 더 구체적으로 질문해라. 그의 생각을 조금 더 들어보는 것이다. 그의 생각을 정확하게 알지도 못한 상태에서 네게 더 좋은 생각이 있다고 말해서는 안 된다.

　상사의 구체적인 설명을 들은 후에도 여전히 네 의견이 옳다는 생각이 든다면 그때 말해도 늦지 않다. 이때 중요한 것은 상사가 평소 부하 직원들의 의견을 잘 듣는 타입인지 아닌지도 파악해야 한다. 남의 이야기를 잘 들어주는 타입이라면 의견을 개진해볼 수 있다. 만약 조심스럽다면 일단 그가 원하는 안을 그대로 실행하면서 피드백과 함께 중간 보고할 때 너의 의견을 말해보는 것도 좋다. 합리적인 상사라면 부하 직원의 의견을 자신의 의견과 이성적으로 비교해볼 것이다. 취사 선택은 그의 몫이다.

나와 상사의 의견이 대립할 때, 대개 상사의 생각이 꽉 막힌 벽처럼 느껴질 수 있다. 또 아무리 열심히 설명해도 이해하지 못할 뿐 아니라 일부러 이해하지 못하는 것처럼 보일 수도 있다. 그럴 때는 그가 회사 경영진으로부터 많은 압박을 받고 있을지도 모르고, 내게 밝히지 못할 개인적인 사정이 있을 수도 있다.

한두 번 의견을 개진해보고, 상사의 의견에 치명적인 결함이 있는 것이 아니라면 그대로 넘어가라. 사람들은 너와 당연히 다른 생각을 할 수 있으며, 그럴 자유와 권한이 있다. 절대로 네가 스트레스받을 일이 아니다.

모든 상사들은 지금의 자리에 오르기까지 다양한 경험을 쌓으면서 승진을 했다. 따라서 자신의 판단이 부하들보다 낫다고 굳게 믿는다. 기본적으로 그런 생각이 깔려 있는 만큼 상사가 너의 의견을 받아줄 준비가 되어 있지 않다면 포기할 수밖에 없다.

그의 관점으로 일을 보라

업무와 관련해 상사와 대화할 때는 되도록 그의 관점에서 문제를 보려고 노력해야 한다. 그가 팀장이면 팀 전체를 놓고 생각할 것이고, 본부장이면 본부 전체의 관점에서 생각할 것이다.

그의 관점에서 업무를 본다면 일단 그와 대화가 된다. 상사가 보는 관점, 그가 중요시하는 것, 그가 문제시하는 것을 알 수 있다. 또한 어떤 문제를 그가 불안해하는가도 알게 된다. 틀림없이 그의 윗선의 기대치에 부합하기 위해 안간힘을 쓸 것이다. '계란이 먼저냐, 닭이 먼저냐' 같지만 먼저 그와 대화를 나누며, 그의 관점과 내 관점 사이의 갭을 줄이도록 해야 한다.

상사의 관점으로 모든 것을 볼 수 있다면 너는 이미 상사 직급의 수준에서 업무를 본다고 볼 수 있다. 대리급의 관점에서 헤어나지 못하면 과장이 되기 어렵고, 팀장급의 관점을 갖지 못하면 팀장이 되기 어렵다. 기업에서도 중간 간부 이상인 팀장, 부장, 이사 등을 진급시킬 때는 그 사람의 생각의 관점을 유심히 본다.

예를 들어 그가 아직 부장 수준의 관점에서 벗어나지 못하고 있다면 임원으로 진급시키는 것이 부담스러울 것이다. 부장 몫을 훌륭하게 해내고 있다고 임원을 시켜주는 게 아니다. 회사에서 개개인의 성숙도를 평가할 때는 윗선의 관점을 얼마나 잘 이해하느냐가 그 척도다.

GWPGreat Work Place라는 말이 있다. 자기가 하는 일에 자부심을 갖고 직원 간에 서로 신뢰하며 일을 즐기는 좋은 일터를 의미한다. 흔히 외국의 유명 IT회사의 근무 환경이 자유롭다는 소문이 떠들썩하지만 그것은 환상이 만들어낸 이야기일 뿐 현실 속의 사무실 분위기는 썩 좋다고 할 수가 없다.

항상 실적에 쫓기는 팀, 그 일로 긴장하는 팀장과 팀원들, 한 가지 일을 해결하고 나면 다른 문제가 터지고… 수시로 터지는 문제를 대처하느라 바람 잘날 없는 곳이 직장이라는 공간이다. 이렇게 어수선하기 때문에 항상 상사의 관점에서 문제를 보는 습관을 가져야 하고, 문제를 해결할 수 있는 대안을 제시할 수 있다면 그곳이 곧 GWP가 되는 것이다.

상사가 부정행위를 하려 한다면…

만약 너의 상사가 부정한 방법으로 일을 추진하려고 한다면 어떻게 해야 할까? 지금과 같은 경쟁이 치열한 사회에서 살아남으려다 보면 갖가지 옳지 못한 방법의 유혹에 넘어갈 수 있다. 그러나 그것은 상도의商道義에 맞지 않는 것은 물론 회사의 규정에도 어긋나고 자칫 범죄 행위로 이어질 수 있다. 그렇다면 어떻게 행동해야 할까?

만약 부정행위가 관행적으로 이루어지는 회사라면 그 상사는 자신이 저지른 부정행위에 대해 죄의식을 못 느낄 것이다. 너 역시 그 틈에 묻어갈 수 있겠지만 그것은 옳은 처신이 아니다. 관행이라 하더라도 편승하지 말아야 한다.

관행 정도가 아니라 분명히 규정에 어긋나거나 위법의 소지가 있는 일을 상사가 하려 할 때 어떻게 해야 할까. 옳지 않다고 이야기해야 할까, 아니면 그냥 넘어가야 할까. 게다가 평소 상사가 나를 좋게 평가하고 잘해준다면 더욱 마음이 약해진다. 마음이 약해져 법대로 처신할 수 없다는 생각이 들 것이다.

하지만 어떤 경우라도 '아닌 것은 아니다'라는 신념을 잃지 말아야 한다. 관행으로 이루어지는 일이 사규에 어긋나거나 법적으로 문제가 있는 일에는 절대로 협조해서는 안 된다. 그리고 상사가 결정적인 범법 행위를 저지르기 전에 회사의 준법 감시나 감사 계통 또는 상사의 상사에게 넌지시 그 사실을 알려주는 것도 하나의 방법이다.

우리가 살아가는 사회에는 규칙과 문화가 있다. 아무리 경영이 어려워도, 실적이 없다 해도 그것을 어기는 잘못된 관례에 절대로 동조해서는 안 된다. 나는 직장 생활을 하면서 이런저런 비리로 형을 선고받는 사람들을 많이 보았다. 과연 그 일이 그들의 인생까지 포기해야 할 정도로 가치가 있는 일이었을까?

회사에 따라서는 내부 고발한 직원을 보호해주는 곳도 있지만, 그렇지 못한 곳도 있다. 선진화된 기업일수록 그런 시스템이 잘되어 있다.

만일 네가 내부 고발한 후 다른 팀으로 이동했을 때, "상사와 팀을 배반한 직원이다"라는 비난을 받는다면 미련 없이 그 회사를 그만두어라. 그런 회사는 미래가 없다고 봐야 한다. 범법 행위와 비윤리적인 행위를 발판으로 형성된 관계는 결국 파국을 맞는다. 그러니 그 점을 명심하기 바란다.

과거 전쟁의 귀재는 먼저 누구도 자신을 이길 수 없도록 만든 다음
적을 제압할 수 있게 되기를 기다렸다. 적이 나를 이기지 못하게 하는 것은
나에게 달려 있고, 내가 이기는 것은 적에게 달려 있다.

- 『손자孫子』

STEP 6

될 성부른 나무는 떡잎부터
- 신입 사원 때부터 키워야 할 경영 마인드

도약의 기회는 내부에서 온다.
그것을 포착하기 위해서는 내면의 소리에
귀를 기울여야 한다.

- 바레즈 브라운

인간이 운명에 맞서 싸워야 한다면
바로 그 투쟁이야말로
삶을 가치 있는 경험으로 만들 것이다.

- 장영희

일의 본질은
무엇인가?

● ● ●

　우리나라 기업에는 아직도 군대식 문화가 남아 있다. 아무래도 기업들이 군대에 다녀온 남자들을 주축으로 세워져 성장했기 때문일 것이다. 이런 차이는 군대문화가 없는 외국회사에서 일해보면 확연히 드러난다. 우리 기업에서는 뭐든 빠르게 해야 하고, 확실하게 해야 한다. 과연 빠르기만 하면 능사일까? 중세 영국의 시인 제프리 초서는 이런 말을 남겼다. "빠른 속도로 훌륭하게 일을 처리하는 일꾼은 어디에도 없다."
　사실 빠르고 훌륭하게 일을 마친다는 것은 비현실적인 이야기다. 그러나 우리나라의 기업은 몹시 일을 서두르는 편이다. 그것이 관행으로 이루어지다 보니 상사들도 일이 속도감 있고 일사불란하게 이루어져야 만족한다.
　나는 군대 시절 춘천에서 근무했다. 춘천은 호반 도시라 겨울이면 눈이 많이 와서 그때마다 만사 제쳐놓고 제설작업을 해야 했다. 하루는 제설 작업이 잘 안 되었다고 중대장이 부대장으로부터 심한 질타를 받았다.

며칠 후 또다시 눈이 엄청나게 쏟아졌다. 중대장은 병사들을 모아놓고, "오늘 제설 작업은 완벽하게 해야 한다. 작업 후에 내 눈에 뭐든 하얀 것이 조금이라도 보였다간 알아서 해"라고 엄포를 놓았다. 그의 얼굴에는 비장함까지 느껴졌다.

병사들은 연병장은 물론이고 막사 지붕 위까지 올라가 눈을 쓸어내렸다. 중장비를 동원해 눈을 모두 쓸어 한곳에 모은 다음 그 위에 황토를 뿌렸다. 정말이지 하얀 곳이라고는 한 군데도 보이지 않았다.

그날 인근 부대의 장교가 우리 부대에 왔다가 깜짝 놀라며 말했다. "여기만 눈이 안 왔나보네. 이럴 수가 있니?"

마술이라도 부리듯 일 하나는 확실히 하는 곳이 군대다. 하지만 이런 일은 군대라는 특수 조직에서나 가능할 뿐 기업에서는 쉽지 않다.

내가 하고 싶은 말은 네가 어떤 일을 하든 그 일의 본질을 알아야 해결이 가능하다는 것이다. 따라서 어떤 일을 시작할 때는 이 일을 왜 해야 하는지, 제대로 하려면 어떻게 해야 하는지를 생각해야 한다. 생각이 정립되어야 일을 '확실하게' 해낼 수 있는 방법을 찾을 수 있다. 이는 직장인의 책임 있는 자세이기도 하다.

직장에서는 창의적이고 복잡한 일을 해내라는 지시가 쉴 새 없이 내려온다. 창의적으로 일을 해내기 위해서는 앞의 질문, 즉 왜 그 일을 해야 하는지, 어떻게 해야 완벽하게 완수할 것인지 지속적으로 생각해야 한다. 아무리 생각해도 방법을 찾을 수 없다면 상황을 봐가며 상사와 의논해보는 것도 좋다.

여기서 주의할 점은 네가 그 일을 하기 싫어서 질문하는 것처럼 보여서는 안 되고, 상사 역시(위에서 지시받은 일일 경우) 일의 속성을 속속들이 이해하지 못할 수도 있다는 사실이다.

상사들은 어떤 일을 지시할 때 "이 일은 위에서 시킨 것이니 너희들이 무조건 해야 한다"라는 식으로 터놓고 이야기하지는 않는다. 이는 자존심 때문일 수도 있다. 대개 "시키면 시키는 대로 하지 말이 많다"라고 할 것이다. 상사 역시 그 일 때문에 짜증이 났을 수 있다. 그런 사정을 감안하고 대응할 필요가 있다.

사람은 똑같은 일을 하고, 똑같은 급여를 받더라도 그 일이 가치 있고, 의미 있는 일이라고 생각하면 더 잘하고 싶은 마음이 든다. 또한 자신이 하는 일에 대해 잘 알면 능률도 생기고 동기부여도 된다. 하지만 현실적으로 일을 지시할 때마다 매번 친절하게 설명해줄 상사도 없지만, 있다 하더라고 그럴 여유가 없다. 그러니 스스로 연구하고 노력해서 해낼 수밖에 없다.

일과성보다 지속성 – 시스템 마인드

회사의 업무, 사업은 어떤 형태가 바람직한가? 이를 위해서는 먼저 회사라는 조직의 특성을 이해해야 한다.

회사는 하나의 거대한 기계와 같다. 업무와 사업이 묶여 하나의 유기체처럼 움직이면서 수익 창출을 해내는 곳이다. 매일 누군가가 일일이 관리하는 것이 아니라 시스템화되어 자동으로 이루어진다. 그렇게 되어야 회사라는 거대한 조직이 연속적으로 움직일 수 있다.

그래서 팀장의 자질을 평가할 때도 부하들이 절대적으로 의지하는 조직의 팀장보다는 그가 없어도 원활하게 일이 진행되도록 조직을 운영하는 팀장을 더 유능하다고 본다. 팀장이나 특정 팀원이 없어도 원활하게 움직이는 조직은 시스템이 잘 만들어져 있기 때문이다.

따라서 각 기업에서는 조직을 효율적으로 움직일 수 있는 시스템을 갖추려고 노력한다.

당장 큰 매출을 올리는 사업도 좋지만, 장기적으로 업무생산성을 높일 수 있는 시스템 개선을 추구하는 것이 바람직하다는 의미다. 이와 관련해 하나의 예를 들어보겠다.

한 회사에 아주 유능한 팀장 두 명이 있다고 가정해보자. A는 고객사 로부디 큰 프로젝드를 수주하는 데 혁혁한 공을 세웠다. 그 사업으로 벌어들이는 순이익은 대략 10억 원 선이다. 상사와 경영진은 그를 크게 칭찬했다.

또 다른 팀장 B는 생산설비의 에너지를 절감하는 아이디어를 냈다. 실제 적용하고 검증해보니 매우 성공적이었다. 앞으로도 매년 최소한 1억 원 가량의 비용을 절감할 것으로 추정된다.

두 명의 직원은 누가 봐도 대단한 인재들임에 틀림없지만, 회사 차원에서 더 보탬이 되는 직원은 누구일까?

'일반적으로 볼 때 더 바람직한 인물은 B다.' A는 큰 프로젝트를 따냈지만 단발로 끝나는 사업인 반면 B의 성과는 매년 비용을 절감할 수 있는 지속성이 있다. 시스템을 지속적으로 개선할 수 있을 때 회사는 제대로 발전한다. 회사는 말 그대로 계속기업going concern이 되어야 한다. 주주와 경영진은 직원들이 회사를 위해 앞으로는 수익을 내고 뒤로는 비용을 줄

여주는 시스템 구축을 원한다.

시스템이 완비되지 않은 회사는 매년 제로에서 시작하기 때문에 실적을 내기 위해 허덕여야 하지만 시스템이 정상화된 회사는 여유가 있다. 사업 이력이 쌓이고 쌓여 가치창출이 지속적으로 이루어지기 때문이다.

이는 원시인 가족이 매번 산돼지 사냥을 나가지만 언제나 수확물이 불확실하고 그렇기에 아예 들짐승을 가축으로 집에서 키우게 되면서 지속적인 소득이 발생하는 것과 같은 이치다.

지속적인 비용 절감에 관심을 가져라

회사의 임직원들과 대표이사는 무엇을 위해 일할까. '고객을 위해, 종업원을 위해, 사회를 위해, 주주를 위해 일할까?' 아니면 '수익을 위해, 시장점유를 위해 일할까?' 아니면 '자기 자신을 위해 일할까?' 모두 틀린 말은 아니지만 나는 이렇게 말하고 싶다. 회사의 구성원들은 누구나 회사의 가치를 높이기 위해 일한다고.

가치가 높은 회사일수록 생산성이 지속적으로 증가한다. 주식시장에서 부동산 매각 이익, 자회사 매각 이익 등으로 한번에 큰 수익을 낸 기업보다 지속적으로 수익이 늘어나는 구조의 기업 주가가 더 높은 이유도 여기에 있다.

따라서 업무를 수행할 때는 지속적인 수익 발생이 가능하거나 비용 절감이 가능한 시스템을 찾는 마인드를 길러야 한다. 그냥 일상적으로 해왔던 일을 생각 없이 지속하게 되면 매너리즘에 빠져 능률이 오르지 않는다. 일상적으로 하던 일도 내가 새롭게 잘해보자는 마음으로 업무에 임해야 한다. 내게 할당된 업무는 물론이고 내가 몸담고 있는 회사가 발전할 수 있도록 머리를 써보자.

예를 들어 열두 시만 되면 전 직원이 한꺼번에 구내식당으로 몰려가 줄 서서 기다리느라 에너지와 시간을 허비하며, 회사 업무가 일시 중단된다면 이를 보완할 아이디어를 내는 것도 좋다.

또 사내 방송에서 아나운서가 일방적으로 새 소식이나 전달 사항을 쭉 읽는 것이 단조롭다면 사내 아나운서가 질문하고 담당 직원이 답변하는 질의응답식으로 프로그램을 꾸미면 더 입체적이고 흥미롭게 들을 수 있다. 신입 사원이라면 이런 의견을 내보는 것도 좋다.

너도 니 중에 직급이 높아지면 주로 이런 일에 머리를 싸매게 될 것이다. 뿐만 아니라 실적이나 고과가 높은 직원들을 경쟁사에 빼앗기지 않기 위해 보너스나 복지 시스템을 어떻게 변화시켜야 할지, 신규 사업과 관련된 아이디어를 내고 이를 실행한 팀에게 어떤 방법으로 포상할 것인지 등에 관심을 갖게 될 것이다. 신입 사원 때부터 이런 마인드를 갖는다면 직급이 올라갔을 때 훨씬 더 깊이 있는 성찰을 할 수 있다. 대리, 과장급만 되어도 큰 차이를 보인다.

시스템 개선에 관심 있는 직원은 늘 이런 생각을 하는 상사들과 대화가 잘 통하므로 향후 승진할 때도 유리한 고지를 점한다. 그리고 팀장이 되고 임원이 되면 틀림없이 회사의 가치를 높이는 사람이 될 것이다.

시스템이 좋은 회사는 몇몇 특정인에게 의지하지 않고도 원활하게 운영된다. 특정인이 북 치고 장구 쳐야만 돌아간다면, 그것은 계속기업이 아니며, 가치가 높은 회사도 아니다.

'열심히' 보다 전략!
– 전략 마인드

• • •

　과거에 내가 직장 생활할 때 직원들을 만날 때면 잊지 않고 물어보는 질문이 있었다. "○○○씨는 그 일을 어떤 전략으로 합니까?" 그러면 대부분의 직원들은 "예? 전략 말입니까? 열심히, 최선을 다해야 한다고 생각합니다"라고 답했다. 그러나 열심히 하겠다는 것은 스스로에게 하는 맹세지, 전략을 논하는 상사의 질문에 맞는 답은 아니다.

　전략이라는 용어는 평사원과 팀장 간에는 뜸하게 사용되는 용어지만 높이 승진할수록 빈번해지다가 나중에는 회사의 사활을 건 중요한 용어가 된다. 그런데도 많은 경영자며 팀장, 주주들이 전략에 약한 것은 물론이고 그 뜻을 정확히 이해하지 못하는 경우가 많다.

　내가 직장 생활할 때의 일이다. 회사의 새로운 대주주가 자신이 인수한 회사의 총괄 임원과 첫 번째 상견례 겸 미팅을 가졌다. 대주주는 처음 만나 현황을 듣고 난 뒤 총괄 임원에게 물었다.

"올해 회사의 전략은 무엇인가요?"

"예? 목표를 달성하는 것입니다."

"그럼 그 목표를 달성할 전략이 무엇인지 알고 싶은데요."

"전략은… (난감한 표정으로) 열심히 일하고 직원들 잘 관리해서 목표를 꼭 달성하는 것입니다."

기업 업무를 총괄하는 주요 임원이 '전략이 무엇이냐'라는 질문에 바로 대답하지 못하는 것은 누가 봐도 문제가 있다. 평소에 경영 마인드가 있었는지 의문스럽다.

전략이란 용어를 쉽게 풀이하면 시간 걸리는 일을 빨리 달성하는 방법, 어려운 일을 쉽게 푸는 법, 남의 협조를 쉽게 받아내는 방법, 비용을 적게 들이고 해결하는 법, 내가 이길 수 있는 경쟁을 하는 법 등등 무수히 많다. 즉, 한정된 자원으로 최대한의 결과물을 만들어내는 것이 바로 전략의 핵심이다.

따라서 전략을 세우기 위해서는 우리 회사, 우리 팀의 업무 또는 회사가 하고 있는 사업의 본질을 심도 깊게 성찰해야 한다. 그런 과정 없이는 전략 마인드가 배양되지 않는다.

전략 없는 조직은 와해된다

듀오라는 미혼 남녀를 위한 중매회사가 있다. '중매문화 창조'라는 재미있는 기치를 내건 회사다. 그런데 이 회사는 미혼 남녀들의 일대일 맞선을 주선하기보다 비슷한 이상형의 남녀 다수를 위한 모임을 주선한다. '이상형 이성과의 즐거운 시간'을 파는 전략이다.

일대일로 만나는 소개팅은 부담스럽지만 여럿이 모여 대화를 나누다 보면 분위기가 활기차다. 여기에서 아이디어를 얻은 듀오는 여럿이 모여 대화를 나누고 즐기는 동안 이상형의 이성을 찾아가는 프로그램을 만들었다. 특정 주제를 갖고 그룹 미팅을 진행하자 참가자들은 '중매'라는 부담감에서 벗어나 즐겁게 시간을 보내는 것이다. 듀오는 이런 전략으로 결혼 성사율이 높아졌다고 한다.

듀오가 만약 일대일 만남만을 고집했다면 결혼 성사율을 높이기가 매우 어려웠을 것이다. 뿐만 아니라 매번 쌍쌍의 만남을 위한 복잡한 업무로 비용도 만만치 않았을 것이다.

이처럼 전략은 회사 일은 물론이고 우리 삶의 거의 모든 분야에 적용이 가능하다. 축구 경기를 봐도 결국 전략 싸움이다. 개인기가 월등히 좋은 외국 선수들을 보면 워낙 그 솜씨가 현란해 우리 선수들이 밀리는 것처럼 보인다. 그러나 그것은 겉으로 보이는 것일 뿐 결국 감독의 작전에 따라 게임이 풀린다는 것을 알 수 있다.

공격 형태, 세트플레이, 시간대별 전략, 후반 선수 교체 전략 등 축구 전략에 문외한인 사람도 전략의 중요성은 잘 알 것이다. 전략이 없다면 어떻게 될까. 우선 조직력이 없어진다. 각자 열심히 뛰기는 하지만 일치된 팀워크가 없다. 볼 하나에 수십 명이 쫓아다니는 동네 축구가 된다.

임진왜란 때 이순신 장군이 우리 배 13척으로 왜군의 전함 3백여 척을 물리친 명량해전은 장군의 용맹함 때문에 이겼을까? 물론 그런 이유도 있겠지만 그보다 중요한 것은 이순신 장군의 치밀한 전략 덕분이었다. 아무리 무기가 우수해도, 아무리 투지가 불타올라도 훌륭한 전략 없이는 전쟁에서 절대 승리할 수 없다.

전략만 있다면 17대 1도 가능하다

학창 시절 무술을 배우러 다닌 적이 있다. 당시 무술계의 최고 고수를 만난 적이 있는데 외모는 아주 평범했다. 몇십 년 무술을 연마한 그가 기른 것은 뛰어난 무술 못지않은 전략적인 마인드였다.

그는 나에게 무술에서의 전략을 설명해주었다. 그의 말에 의하면 영화에서처럼 한 명의 고수가 여러 명을 한꺼번에 상대해 싸워 이기는 것은 현실적으로 불가능하다고 했다. 단, 전략이 있다면 소위 17대 1도 가능하다며 그 전략을 알려주었다.

혼자서 많은 인원을 상대로 싸우려면 되도록 벽을 찾아 등을 지고 서라는 것이다. 브루스 리 영화처럼 열린 공간에서 앞차기로 앞사람을 차고, 뒤차기로 보이지 않는 뒷사람을 물리치는 것은 현실적으로 불가능하다는 것이다. 액션 영화에서 멋진 비주얼을 보여주기 위한 구도일 뿐이라고 했다.

혼자서 다수의 상대와 싸울 때 벽에 등을 대고 있으면 이점이 있다. 적의 숫자가 아무리 많아도 그들은 나의 눈앞에만 있을 뿐 뒤에는 없다. 즉 뒤를 걱정할 필요는 없다. 기습적인 꼼수에 의한 공격을 당하지만 않는다면 일대일로 맞붙었을 때 승산이 있다고 한다. 구석진 곳에 등을 대고 서거나 좁은 복도에서 싸울 때 매우 유리하다고 했다. 우리가 언뜻 생각하는 것과 정반대다. 좁은 공간에서는 두 명 이상의 적이 한꺼번에 나에게 덤벼들 수 없기 때문이라고 했다.

만약 주변에 벽 같은 구조물이 없다면 어떻게 해야 할까. 먼저 적의 무리에 포위당하지 않는 곳에 자리 잡아야 한다. 그리고 무리의 밖으로 나와서 한 명씩 상대할 수 있는 구도를 만들어야 한다. 그렇게 할 수 있다면 17대 1이라도 한 명씩 열일곱 번 싸우는 구도가 된다는 것이 그가 말한 전략이다.

이렇게 모든 일은 전략을 어떻게 세우느냐에 따라 안 될 일이 되기도 한다. 전략은 일의 효율성을 극대화한다. 적은 인원으로 난이도 높은 일을 쉽게 해낼 수 있다.

신입 사원 때는 거의 단순하고 기계적인 일을 하게 된다. 이처럼 단순한 일은 꼼꼼히 하는 것이 중요하다. 그리고 그런 일일수록 효율적으로 해야 한다.

사실 우리는 기계적인 일을 반복할 때 급격한 권태감과 피로감을 느낀다. 사소한 일에도 새로운 전략이나 시스템을 도입한다면 스트레스를 줄일 수 있다. 자신이 가치 있는 일을 한다고 생각하면 일이 즐겁고 동기부여도 잘된다.

전략을 강조하는 곳은 직장이지 학교는 아니다. 학교에서는 열심히 공부만 하면 된다. 많은 공부 전략이 시중에 나와 있지만 결국 중요한 것은 우직하게 파고드는 방법밖에 없다. 학문에 왕도가 없다고 하지 않던가.

하지만 회사는 그렇지 않다. 어떤 업무를 행하든, 어떤 사람과 미팅을 하든, 누군가에게 업무 보고를 하든 반드시 사전에 전략을 세워야 한다. 단순한 전화 한 통을 걸더라도 사전에 어떤 전략으로 상대와 통화할 것인지, 상대의 반응에 따라 어떻게 대응할 것인지 전략을 세워야 한다.

이런 이야기를 하면 신입 사원들은 고개를 설레설레 내젓는다. 아마 학교에서 새로운 생각을 하도록 자극하기보다 정해진 시간 내에 많은 양의 지식을 주입해서 익히는 교육을 받아왔기 때문일 것이다. 평가가 중요하니 시간 대비 효율성을 볼 때 그럴 수밖에 없었을 것이다. 그러나 직장에서는 주입식 교육이 통하지 않는다. 시키는 일만 하지 말고 내가 생각을 해서 전략을 짜고 실천 계획을 세워야 한다. 주어지는 것도 많지 않고 내가 생각해야 하는 것만 많기 때문이다.

흔히 회사에서 제일 중요한 부서가 어디냐고 물으면 대부분 수익을 내는 부서, 즉 영업이나 마케팅 부서를 지목한다. 그러나 궁극적으로 회사에서 가장 중요한 부서는 경영기획팀이라고 부르는 전략 부서다. 전략이 좋아야 회사가 흥한다. 아무리 뛰어난 핵심 기술, 경쟁력 있는 인재, 튼튼한 자본도 전략이 없으면 빛을 발하지 못한다.

자, 전략의 중요성을 깨달았다면 다음으로 생각해야 할 것은 바로 우리 회사의 생명줄 즉, 업의 본질이다.

우리 회사의
'생명줄'은 무엇인가

• • •

앞서 듀오의 전략에서 보았듯이 기업들 역시 자사의 경영전략을 어떻게 세우느냐에 따라 흥망성쇠가 결정된다. 변화하는 기업 환경에 기업은 업을 어떻게 재정의해야 할까?

요즘 아이들이 많이 모이는 학교 앞이나 놀이터 등에서 추억의 군것질거리인 '달고나' 장사를 본다. 내가 사는 동네에도 달고나 장사가 있는데 개당 가격이 자그마치 5백~1천 원이다. 언뜻 보기에도 인건비를 제외하면 설탕, 소다에 여타 비용을 모두 더해도 개당 50원이 넘을 것 같지 않다. 그런데도 그것을 사가는 사람들이 있다. 아이는 물론이고 어른들도 사간다.

그것을 사가는 어른들을 유심히 살펴보면 가격에 불만스러운 기색은 없고 달고나를 먹으며 재미있어한다. 예전에 자신들이 어렸을 때 맛있게 먹었던 추억을 떠올리는 것이다. 결국 달고나 장사 주인은 원가가 50원도 되지 않는 달고나를 열 배가 넘는 가격에 팔고 있다. 달고나 장사 주인이 파는 것은 무엇일까? 표면적으로는 달고나지만 본질은 추억이다.

솜사탕 역시 마찬가지이다. 원가는 얼마 되지 않지만 솜사탕 가격은 2천~3천 원 정도 한다. 사람들은 솜사탕이 갖고 있는 이미지와 추억을 사는 것이다. 이것이 바로 사업의 가치다.

보통 과자의 마진율은 한정적인 범위가 정해져 있다. 그냥 과자이기 때문이다. 하지만 추억을 파는 데는 마진율이 따로 없다. 5백 원에도 팔 수 있고, 1천 원에도 팔 수 있는 이유는 바로 가치 때문이다.

회사는 이러한 가치를 만들어내야 한다. 오늘 하루 내가 맡은 일에 열심히 매달리는 것도 물론 중요하지만, 내게 월급을 주는 기업의 가치를 재정의하기 위해 노력하는 것도 그 이상으로 중요하다. 이러한 과정을 통해 너는 미래 리더로서의 자질을 훈련하는 것이다.

새로운 가치를 창조하려면 '업의 재정의'가 필요하다

회사의 업을 재정의하는 사고를 신입 사원 때부터 훈련한다면 훗날 훌륭한 리더로 자리매김할 수 있다.

내가 증권사에 다니던 시절, 한 젊은 애널리스트가 있었다. 그는 차별화된 아이디어와 명확한 표현력으로 좌중을 사로잡았다. 확실히 그의 자료는 그 누구의 자료보다 통찰력이 돋보였다. 하루는 그와 한 상장 기업을 탐방한 뒤 사무실로 돌아오던 중에 그가 나에게 물었다.

"이사님, 오늘 방문했던 회사의 주가를 어떻게 보세요? 저평가되었다고 생각하세요? 아니면 고평가되었다고 보세요?"

"글쎄, 현재 추진하는 사업이 성공한다면 문제가 없지만 성공할 확률이 높아 보이지는 않고, 주가도 현 수준에서는 조금 부담스럽던데, 어떻게 봤어요?"

"저는 그 회사 주가가 어떻게 될지는 모르겠습니다."

"애널리스트가 그렇게 얘기하면 어떻게 하나?"

"저는 애널리스트가 주가 전망을 예견해야 한다고 생각하지 않습니다."

"그럼?"

"애널리스트는 주가 전망을 예견하는 것이 아니라 과거 그 회사에서 어떤 일이 있었고, 미래에는 어떤 일이 일어날지에 대한 가설을 논리적으로 세우는 사람이라고 봐야 합니다. 그러니 애널리스트가 파는 것은 '논리'이지 '주가 전망'은 아니라는 얘기죠. 미래의 주가는 어떻게 될지 아무도 알 수 없지 않습니까? 논리를 잘 세워 그 회사의 미래를 예측할 수 있어야죠. 애널리스트들은 논리를 팔아야 한다고 생각합니다."

증권사에서 제일 일찍 출근하고, 제일 늦게까지 남아 일하고, 주말에도 나오는 사람들이 애널리스트다. 흔히 애널리스트란 막연히 한 회사의 주가를 전망한다고 생각하지만 그의 생각은 달랐던 것이다. 단순한 주가 전망이 아니라 그 기업에 대한 체계적인 분석으로 자신의 일을 새롭게 정의한 그의 차별화는 자료에서도 명확하게 드러났다.

단순히 잃으면 메운다는 식 또는 상투적인 투자 포인트만 짚어내는 투자 자료가 아닌 그 회사가 처한 현실적인 상황에 대한 논리를 체계적으로 펼치고 있었다. 즉 지금까지의 애널리스트들과는 전혀 다른 시각과 관점을 제시했던 것이다. 그의 논리가 맞다면 그 회사의 주가는 이야기하지 않아도 장기간 그의 전망대로 갈 것이며, 그의 논리가 맞지 않다면 그 반대일 것이다. 그래서인지 그의 자료는 당시 많은 고객들이 기다리는 리포트였다.

기업 중에는 이런 애널리스트처럼 업을 재정의해 성공한 예가 많다. 1980년대 미국 캘리포니아대학 앞에 조그만 문방구가 있었다. 곱슬머리를 한 주인(이름이 킨코Kinko였다)은 복사기 한 대를 들여놓고 평범한 문방구를 운영했다. 그의 문방구는 언제나 복사와 각종 자료를 바인딩하는 학생들로 북새통을 이루었다.

그러던 어느 날, 그는 북적거리는 문방구에서 개인 일을 처리하는 학생들을 보다가 깨달은 게 있었다. '아, 학생들은 집과 강의실 이외의, 간단한 문제를 해결할 수 있는 공간이 필요하겠구나' 하고. 그리고 생각해낸 것이 바로 '이곳은 당신의 보조 사무실'이라는 문방구의 재정의였다. 단순히 복사나 해주고 문구용품을 파는 문방구에서 탈피해 '보조 사무실'이라는 업을 찾은 것이다. 그때부터 그는 새로운 서비스를 제공하는 아이디어를 생각해내기 시작했다. 서류 복사뿐 아니라 제본을 하거나 택배로 물건을 보낼 수 있는 신개념의 서비스가 그것이다. 그로부터 30여 년이 지난 뒤 이 새로운 개념의 문방구는 미국은 물론 전 세계에 수천 개의 지점을 거느린 글로벌 기업 '페덱스 킨코스'가 되었다. 만약 킨코가 당시 아무 생각을 해내지 못했다면 평생 동네 문방구 주인으로 살았든지 아니면 글로벌 기업에 밀려 가게 문을 닫았을 것이다.

이렇게 같은 사업이라도 시간이 지나면서 고객의 니즈를 충족시킨다면 새로운 기회를 만들 수 있다. 우리가 일상적으로 보는 많은 업무나 사업의 본질이 무엇인지, 요즘 기업 환경은 어떻게 변화하고 있는지, 우리 회사의 업을 재정의하려면 어떤 변화가 필요한지 항상 생각해야 한다. 그것이 바로 회사의 생명줄이자 나의 경쟁력이기 때문이다.

조직의 구조를 보면 그 회사가 보인다

네가 이제 첫 직장을 다니는 만큼 회사라는 조직의 생태를 경험하는 것은 처음일 것이다. 회사의 전반적인 조직 구조의 특성과 전략을 알면 회사의 현재 상황을 이해하는 데 큰 도움이 된다.

1980년대 우리나라의 대기업에서는 평사원이 올린 결재 서류가 대표이사의 최종 사인을 받기 위해서는 이런저런 중간관리자들을 거쳐야 했다. 담당자인 내가 결재 서류를 기안해 결재판에 올리면 나의 상사인 대리가 결재하고, 그다음 과의 총괄 업무를 담당하는 과장이 결재한다. 그 위로 차장이 있다면 차장을 거치고, 없다면 부서의 총괄 책임자인 부장에게 올라가며, 그 위로 이사나 상무 등 임원급이 결재하고 나면 최종적으로 사업 총괄을 맡고 있는 전무이사나 부사장을 거쳐 대표이사가 결재하는 시스템이었다.

이는 대표이사가 반드시 결재해야 하는 상황일 때 그렇다. 물론 결정권자가 처리할 수 있는 전결 사항이면 그전에 끝난다. 회사마다 구조가 조금씩 다르고, 직원 수가 다르지만 거의 이와 같은 구조로 회사의 보고나 결재가 이루어졌다.

그러나 1990년대부터 '고객중심경영' 붐이 일어나면서 가장 먼저 바뀐 것이 결재 단계 간소화다. 고객의 니즈에 빨리 부응하기 위해 회사의 조직을 달리 만들 필요가 있었던 것이다. 그것이 바로 '팀제 도입'이다.

팀제에서는 팀원인 나 즉, 담당자가 기안을 올리면 팀장이 결재를 하고 바로 대표이사에게로 간다(그 사이에 본부장인 임원의 단계를 거치는 회사도 있다). 담당자 → 팀장 → (본부장) → 대표이사 식으로 훨씬 간소화된 결정 구조를 갖게 되었다. 그 이유는 고객 한 명 한 명의 니즈에 빨리 대응하려면 무엇보다 신속한 결정을 내려야 했기 때문이다.

팀제를 도입한 많은 회사에서는 부수적인 이점이 나타나기 시작했다. 그중 하나는 중간관리자를 줄여 인건비가 줄었다는 것이다. 팀장은 월급이 많은 부장이 할 수도 있지만 월급이 상대적으로 적어도 업무의 깊이를 어느 정도 이해하는 고참 대리나 과장도 할 수 있다. 본부장 역시 월급이 많이 나가는 부사장급이 할 수도 있지만 상무보나 이사대우 부장도 그 역할을 할 수 있다. 젊은 사람을 팀장으로 내세울 경우 더욱 활기차게 일할 것이라는 막연한 기대감도 작용한다.

팀제의 더 원론적 이점은 고객이 원하는 부분에 대해 팀을 급조해 대응할 수 있다는 점이다. 이후 팀의 존재 가치가 약화될 경우 해체하기도 매우 용이하다. 조직을 위한 조직이 아닌 고객을 위한 조직이기 때문이다. 팀제는 인건비 절약과 빠른 업무 속도, 게다가 복잡한 조직에서 흔히 일어나는 마찰도 줄일 수 있어 기업 쪽에 상당히 유리하다. 팀제가 노린 또 하나의 의도는 '수평적인 조직 문화'다. 갓 입사한 신입 팀원이나 대리, 과장급 팀원이 원활하게 소통할 수 있어야 팀이 강해진다. 조그만 팀 내에서 나는 고참이고 너는 신참이라는 서열이 존재하면 소통이 어려워진다.

그러나 수평적 조직 문화는 우리 국민의 뿌리 깊은 장유유서 문화에 반하는 정서라서 그런지 제대로 뿌리를 내리지 못하고 있다. 요즘 일부 대기업에서는 과거의 '연차'별 호칭이 부활하는 모습도 있다고 한다.

만약 네가 다니는 회사 조직이 예전의 형태라면 그 회사는 안정적인 수익 구조를 가진 독점적인 지위를 누리고 있을 가능성이 크다. 그렇지 않은데도 불구하고 여전히 옛것을 답습한다면 바뀌지 않는 다른 이유를 찾아

볼 필요가 있다.

최근 들어 기업체에 매니저제가 확산되고 있다. 매니저제란 일반적으로 고참 직원들, 예컨대 차장, 부장급들을 '매니저'로 통칭하는 것을 말한다. 이전의 과장, 차장 등의 직급으로 이루어진 수직적 조직을 파괴해 수평적으로 조직화하자는 의도다. 하지만 조직도 하나의 사회이고 보니 그런 사회 계급을 일순간에 파괴하는 것은 쉽지 않은 분위기다. 그래서인지 매니저제를 포기하고 과거의 직급제로 회귀하는 기업도 있는 모양이다. 이러한 움직임을 통해 회사의 조직 구조를 읽을 수 있다.

회사의 조직 구조도 가볍게 넘길 일이 아니다. 내가 다니는 회사와 다른 회사의 기업 환경을 비교해보고 어떻게 변화하는 것이 좋을지 생각해본다면 보다 효과적인 대응책을 내놓을 수 있다.

결국 회사는 조직이다. 축구도 경기 전에 원톱으로 할 것인지 투톱으로 할 것인지 정해야 한다. 또한 완벽한 수비로 상대의 공격 속도를 완화하려면 어떻게 해야 하는지 등 전략도 필요하다. 축구의 전략을 회사의 조직 구성에 적용해보면 어떨까. 네가 다니는 회사가 공격형 조직인지 방어형 조직인지, 현상유지형 조직인지 매출성장형 조직인지, 관리형 조직인지 영업형 조직인지 살펴보면 답을 알 수 있다. 그 답을 통해 현실적으로 어떤 전략이 필요한지 판단해보길 바란다.

그리고 만약 미래의 리더를 꿈꾼다면 지금부터 '회사의 조직 전략을 어떻게 세울 것인지'에 관심을 가져야 한다. 전략 마인드는 하루아침에 생기는 게 아니다. 따라서 신입 사원 시절부터 조직 전략을 눈여겨보는 사원과 그렇지 않은 사원의 차이는 갈수록 커진다.

모든 게 계획이고
스케줄이다

● ● ●

너에게 업무상 일이 주어지면 먼저 생각해야 할 것은 그 일을 어떻게 실행할 것인지 구상해야 한다. 그리고 단계별로 소요되는 시간을 어림해 타임테이블timetable 즉, 시간계획표를 짜야 한다. 업무 시작부터 D-day까지 계획을 세분화해 짜다 보면 중간에 벌어질 수 있는 상황은 물론 진행되어야 할 일의 전후 순서와 전체적인 기간 등이 명확해진다. 하나의 프로젝트를 실행하는 데 이런 종합적인 타임테이블이 없다면 분명 프로젝트의 실행에 차질이 생길 수 있다. 계획을 세우면서 일의 전후를 가늠하다 보면 그 과정에서 핵심적인 사안을 발견할 수 있다.

상사나 그 외의 사람들이 네 업무의 진행 상황에 대해 궁금해하면 타임테이블을 보여줘라. 상대방은 고개를 끄떡이며 긍정적인 질문 한두 가지를 던지고 갈 것이다. 그리고 속으로 '이 친구가 일을 전반적으로 잘 정리하고 있군. 내가 신경 쓸 일 없겠어' 하며 흡족해할 것이다.

일을 정말 열심히 하고 매일 야근도 하지만 정작 제시간에 끝내지 못하는 직원도 있고, 별로 바빠 보이지 않지만 늘 시간에 맞춰 일을 끝내는 직원도 있다. 이는 실력 차이라기보다 시간관념과 계획성이 문제다. 결국 시간관념은 그 사람의 능력이다.

학창 시절 중간고사와 기말고사 때 여러 과목을 일주일 내에 보기 때문에 사전에 시험공부의 계획을 짰을 것이다. 이를테면 이론 위주의 과목은 좀 더 미리 준비하고, 암기 위주의 과목은 며칠 집중해서 공부하는 식이다. 과목별 특성을 고려하면 대략 공부에 필요한 시간을 안배할 수 있다. 이런저런 계획 없이 무턱대고 공부하게 되면 결정적인 빈틈이 생길 수 있다.

회사 업무도 마찬가지다. 시험공부의 계획이 최고의 성적을 내는 것이 목표이듯이 회사 업무에서 최고의 성과를 내고 싶다면 시간 스케줄링을 하는 것은 필수다.

사람들과 정기적으로 식사하라

인맥관리를 하려면 점심과 저녁식사 약속을 요령껏 활용하는 것도 좋다. 효율적인 인맥관리의 묘는 비는 시간을 채우는 것에서 시작된다. 닥치는 대로 사람을 만나기보다 만남을 유지해야 할 사람들의 리스트를 작성한 뒤 이들과 정기적으로 만나는 습관을 가져야 한다. 그렇게 하기 위해서는 반드시 스케줄링이 필요하다.

어느 누구를 만나 점심을 먹더라도 당일 오전에 전화해서 약속을 잡는 것은 어렵다. 분명 상대는 선약이 있다고 할 것이다. 따라서 다음 주 약속은 이번 주에 잡아야 한다. 이번 주에 약속을 잡지 않으면 다음 주는 어떤 약속도 만들 수 없다.

인맥관리의 달인이라고 할 만한 팀장이나 임원, CEO들을 보면 2, 3주 후의 스케줄이 줄줄이 잡혀 있음을 알 수 있다. 그들과 약속할 때는 주로 3주 이상의 텀term이 있어야 한다. 만나야 할 사람이 많다는 것은 그만큼 사회생활을 활발하게 한다고 볼 수 있다.

또한 실력 있는 영업사원들 역시 몇 주간의 스케줄이 꽉 차 있다. 고객들과의 이런 약속은 중장기적으로 매출과 연결된다. 만난다고 해서 곧바로 매출과 이어지지 않을 때도 있지만, 고객과의 관계를 탄탄하게 하는 기반이 되므로 언젠가는 매출로 이어진다.

스케줄링을 할 때 중요한 것은 급히 해야 할 일과 천천히 해야 할 일을 구분하는 것이다. 지금부터 그 방법을 알아보자.

일의 순서를 정하라

회사 업무는 먼저 해야 할 일, 나중에 해야 할 일로 나뉜다. 중요하고 급한 일, 중요하지 않지만 급한 일, 중요하지만 급하지 않은 일, 중요하지도 급하지도 않은 일이 있다. 따라서 어떤 일을 먼저 할 것인지 분별하는 능력을 길러야 한다.

사무실에서 바쁘게 생활하다 보면 하루가 순식간에 지나가고 일주일, 한 달이 금방 간다. 문제는 네게 주어진 갖가지 업무를 모두 완벽하게 할 필요는 없다는 것이다. 중요한 일에 더 집중하고, 그렇지 않은 일은 뒤로 미뤄도 된다.

미국의 유명한 동기부여 연설가인 데일 카네기는, "큰일을 먼저 하라. 작은 일은 저절로 처리될 것이다"라는 유명한 말을 남겼다. 이는 자신이 맡은 일의 중요도에 따라 일을 진행하라는 뜻이다.

그와 함께 생각해야 할 것은 '타이밍'이다. '만약 이 일을 지금 하지 않으면 어떤 일이 발생할 것인가?'를 생각해보라. 답이 '아무 일도 없을 것이다'로 나온다면 과감하게 뒤로 미뤄라. 그리고 당장 서둘러야 할 일을 시작하라. 무르익을 때 효과를 보는 일일수록 타이밍이 중요하다. 그러니 시간을 다투는 일을 먼저 해야 한다.

대부분의 상사들은 부하 직원이 무슨 일을 하느라 바쁜지 잘 모른다. 그들은 자신들이 해야 할 일이 산적해 있기 때문에 늘 정신이 없다. 그런 와중에 수시로 신입 사원에게 새로운 일을 지시한다. 부하 직원은 해야 할 일의 연속성을 유지해야 하니 어느 정도 하던 일을 마무리해놓고 그 일을 이행하고 싶다. 하지만 상사 입장에서는 즉각 움직여주지 않는 부하 직원이 불만일 수 있다. "내 지시 사항보다 더 중요한 일이 어디 있냐?"며 화를 낼 수도 있다. 그럴 때는 우선 새로운 지시 사항을 받아들이되, 진행하고 있는 일과의 경중을 따져서 업무를 진행해야 한다.

너는 슈퍼맨은 아니지만 두 가지 이상의 일을 동시에 하는 초능력을 발휘해야 할 때가 있다. 그럴 때는 반드시 일의 중요도, 타이밍을 따져서 진행하는 게 좋다.

출근하면 일을 하자

제목을 보고 너는 '회사에 출근하면 당연히 일하지 놀겠느냐?'며 반문할지 모르겠구나. 하지만 많은 직장인들은 정시에 바로 일에 돌입하지 못하는 습관이 있다. 책상 정리도 하고, 이런저런 생각도 하고, 차 한 잔 마시는 등 뜸을 들이다가 일을 한다.

아침 시간뿐 아니라 근무 중에도 업무 몰입도가 비교적 낮은 편이다. 연일 이어지는 야근으로 피곤한 탓인지, 회사 분위기 탓인지, 상사에게 스트레스받아서 그런지, 개인적인 일 때문인지는 알 수 없다. 갤럽 아시아의 사장인 래리 이몬드는 이런 지적을 했다.

"한국의 직장인 10명 중 9명은 출근해서 자리에 앉아 있지만, 업무에 바로 집중하지 못한다. 한국 기업으로서는 구성원들의 몰입도를 개선하는 것이 중대한 과제다."

직원이 일에 몰입하지 못하는 이유는 여러 가지가 있을 것이다. 그러나 몰입도는 회사를 위해서도, 직원 개인을 위해서도 개선되어야 한다. 근무 시간 동안 완전히 몰입해서 일하면 일의 완성도가 높아 야근을 줄일 수 있다. 야근을 줄이면 야근 식대, 추가적 전기세 등의 비용이 발생하지 않으니 회사 입장에서도 이익이다.

그렇다면 어떻게 해야 몰입도가 개선될까? 일단 출근한 뒤 9시 전까지는 여유롭게 보내도 좋다. 하지만 9시가 되면 정확히 업무를 시작하라. 업무를 점검할 때는 아직 미결 상태인 것들을 먼저 챙겨봐야 한다. 이를 위해 전날 퇴근할 때 업무 노트에 현재 문제가 되거나 요즘 미결·계류 pending되고 있는 업무 제목을 써놓고 퇴근하라. 그러면 다음 날 업무에 대한 우선순위를 정하는 것이 훨씬 빨라진다.

오전 중에 거래처와 통화할 때는 되도록 밝고 큰 목소리로 말하라. 이는 자신감을 높여줄 뿐 아니라 사무실 분위기도 활력 있게 만든다. 활력이 있어야 일도 빨리 진행되고, 멍하게 보내는 시간도 줄어든다.

일본의 로바다야끼 음식점에 가보면 요리사며 종업원들이 고객들에게 큰 소리로 인사하고, 자기들끼리만 통하는 구호를 외친다. 그들의 우렁찬 목소리를 들으면 고객들은 매우 유쾌해진다(현재 한국에 상륙한 와타미에 가보면 현장감을 느낄 수 있을 것이다). 활력이 그들의 전략이다. 하루 종일 일하느라 피곤한 샐러리맨 고객을 위로하기 위해서다. 고객들은 그런 분위기에서 식사를 하다 보면 복잡한 회사 일은 말끔히 잊어버리고 기분전환이 된다.

이와 마찬가지로 나의 밝은 전화 목소리가 사무실 분위기를 바꾼다. 아침에는 다들 겉모습은 깨어 있지만 사실은 아직 '자고 있는 상태'다. 정신적 수면 상태에 빠진 동료들에게 활력을 불어넣는 것이 네 역할이다.

강의를 하다 보면 많은 학생들이 강의에 집중하기 못하고 딴생각을 하거나 멍하니 앉아 시간을 때우는 것을 수없이 본다. 수업 듣기같이 수동적인 일은 쉽게 지루해질 수 있다. 그러나 학교는 네가 돈을 내고 다녔지만 직장은 네가 일하는 조건으로 급여를 받는 곳이다. 회사에서는 기본적으로 일하지 않는 직원은 필요가 없다.

책상 앞에 머리를 수그리고 앉아 있는 것만이 능사는 아니다. 직장인들이 늘 하는 말이 있다. 진행하던 업무가 끝나서 잠시 쉬는 중이라고. 물론 오랫동안 혼신을 다해 하던 일이 끝나 한시름 놓을 수도 있다. 그러나 회사 업무 시간은 오로지 회사 업무를 위해 보내야 한다. 업무 시간을 알차고 효율적으로 보내면 야근이며 특근을 줄일 수 있다.

만약 네가 지금 한가하다면 할 일을 찾아서 해라. 일은 꼭 주어져야 하는 것이 아니다. 미래에 도움이 될 만한 일을 미리 하거나 그것도 없다면 거래처나 거래할 만한 회사의 직원들과 간단한 미팅을 잡는 것도 좋은 일이다.

업무 시간은 바쁜 게 좋다. 일이 없다면 찾아서 해야 한다. 경험상 일이 많아서 받는 스트레스보다 일이 없어서 받는 스트레스가 훨씬 크다. 그럴 때 네 머릿속에 잡념이라는 새가 집을 짓도록 허락해서는 안 된다. 그리고 너의 집중도가 궁금하다면 하루에 몇 시간 일에 집중하는지 체크해봐라. 모자란다고 생각되면 더 집중할 수 있는 방법을 찾아보길 바란다.

번뜩이는
아이디어맨이 되어라
◦ ◦ ◦

　21세기의 기업환경은 빛의 속도로 바뀌고 있다. 기업들은 신사업, 신제품, 새로운 서비스 전략을 지속적으로 만들어내야 한다. 신제품이 경쟁적으로 출시되다 보니 소비자들의 입맛도 한층 까다로워지고 있다. 회사는 소비자들이 찾는 가치를 창조해야 한다. 이를 위해서는 무엇보다 시대의 흐름을 빨리 이해하고, 아이디어를 낼 수 있어야 한다.

　네가 나중에 팀장이 되어 회의를 진행해보면 아이디어를 내는 직원은 언제나 넘치고, 아이디어가 없는 직원은 늘 우는 소리를 한다는 사실을 알게 될 것이다. 그 차이가 뭘까. 평소에 시키는 일만 하는 사람은 일에만 집중하느라 별다른 생각을 하지 않는다. 하지만 평소 일이 없을 때 찾아서 하는 사람은 일을 하는 중에도 갖가지 아이디어를 생각해내 환경을 개선하고 바꿔보려고 노력한다. 이런 사람은 대부분 아이디어가 많다. 그런 사소한 습관이 나중에는 아주 큰 차이를 만든다.

아이디어를 내는 것에 별 흥미를 못 느꼈던 신입 사원들은 나중에 승진해도 회사를 향상시키거나 개선시킬 생각을 하지 못한다. 오히려 변화가 두려워 현상 유지나 하고 평생을 살아가려고 한다. 전혀 바람직하지 않은 모습이다.

예전과는 달리 새로운 아이디어를 보는 관점도 많이 바뀌었다. 디지털 시대로 접어들면서 전에 없던 혁신적인 것을 만들어내는 시대는 마감을 했다. 21세기에는 1백여 년 전 에디슨이 축음기, 백열전구를 만들고 그레이엄 벨이 전화기를 발명할 때처럼 전혀 새로운 것을 만들어내는 시기는 막을 내린 것이다. 이제는 진정한 창조보다 차선의 창조방법을 찾아야 한다.

모방이냐 융합이냐

창조가 어려운 현실에서 차선책은 모방이다. 기존 상품에 약간의 새로운 요소를 가미하면 창조가 된다. 그러나 선두 제품을 쫓아 모방하기에만 급급한 기업들은 속도전에서 밀려 고전을 면치 못하는 경우가 흔하다.

그래서 나온 전략이 바로 이종의 두 아이디어가 결합된 창조 즉, 하이브리드식 창의성이다. 이것을 '융합'이라고 하고, 이런 것을 잘하는 사람을 융합형 인재라고 부른다. 예를 들어 디지털 카메라와 인터넷 기능이 부착된 휴대전화(스마트폰), 진공청소기와 스팀걸레가 결합된 물걸레청소기, 저속에서는 전기모터의 힘으로 또 고속에서는 엔진의 힘으로 움직이는 하이브리드 자동차, 골프와 IT를 결합해 실내 게임화한 스크린골프 그리고 소형 헬리콥터와 영상장비가 결합된 드론 같은 것들이 이에 해당된다.

앞으로 철의 장벽과도 같았던 고등학교와 대학 입학 시험에서 문과, 이

과도 통합된다고 한다. 융합이 워낙 세계적 추세이니 어느 누구도 피해 갈 수 없나 보다.

이런 이종결합식 아이디어는 어떻게 내는 걸까. 간단하다. 서로 다른 분야를 접목하는 시도를 해보는 거다. 이럴 때는 다양한 분야에서 견문이 넓은 사람이 필요하다. 그래서 한 우물만 파는 인재는 자신의 분야는 전문성이 있을지언정 21세기 기업이 요구하는 창의성은 약하다고 볼 수 있다. 너는 멀티플레이어가 되어라. 한 분야에 깊이 있는 지식을 갖는 것도 중요하지만 얕더라도 다양한 분야를 두루 아는 것이 좋다. 구자균 LS산전 회장도 이런 맥락의 말을 한 바 있다.

"서로 다른 분야를 접목해 새로운 것을 창조하는 '이매지니어(imagineer, 상상하는 엔지니어)'야말로 미래의 인재입니다. 지금은 이종異種산업 간 융·복합 인재를 요하는 시대입니다."

혼자서 다양한 분야를 섭렵한다는 것은 쉽지 않은 일이다. 그래서 다양한 분야의 사람들과 소통하며 지내라는 것이다. 이때 강조되는 것은 전혀 성격이 다른 팀들 간의 컬래버레이션collaboration이다. 현대 사회는 혼자 연구개발을 하는 천재보다 다른 사람과 소통 능력이 탁월한 인재를 더 선호한다. 기업의 인재관은 예전과 확실히 달라졌다.

멀티플레이어가 되라

기업은 한 분야에 깊은 지식을 갖춘 인재 못지않게 다양한 분야에 폭넓은 지식이 있는 멀티플레이어를 선호한다. 한 분야의 전문가가 존경 받던 시대는 지났다. 그것이 옳았던 때가 있었다. 그러나 지금은 멀티플레이어가 성공하는 시대로 접어들었다. 내 전문 분야 외에도 다양한 분야의 지식이 있어야 내가 하는 일을 큰 틀에서 바라볼 수 있다.

가끔 자신은 한 가지 일만 하겠다고 고집하는 직원이 있다. 필시 그것으로 자신을 전문화하겠다는 의도인지 몰라도 여러 가지 업무를 할 생각이 없으면 계속 낮은 직급에 머물러 있을 가능성이 높다. 왜냐하면 위로 올라갈수록 더 다양한 업무들이 포괄적으로 주어지므로 그것들을 알아야 관리가 가능하기 때문이다.

직장 생활을 하면서 업무에 지장을 주지 않고 체력이 허락하는 한, 다른 분야의 자기 계발을 꾸준히 해야 한다. 아니 필수다. 직장 생활 자체에 안주하게 되면 퇴보한다. 새로운 분야에 늘 눈과 귀를 열어두고 학습하기 위해 꾸준히 노력해야 한다. 그것이 미래 인재인 멀티플레이어가 되는 길이다.

네가 지금 하고 있는 일이 5~10년 후에도 그대로 존속할지 고민해보는 것도 필요하다.

예를 들어 우리나라의 경우 1960~1970년대에 섬유가 국민의 먹거리라는 생각에 많은 인재들이 섬유공학과에 지원했다. 그러나 몇 년 지나지 않아 중국이 섬유 산업을 독차지하게 되었다. 나의 고교 선배 중에 대학에서 섬유공학을 전공해 섬유회사에 취직한 사람이 있었다.

그러나 미래의 산업 지도를 머릿속에 그려본 그는 섬유산업의 미래가 밝지 않다는 걸 알고 자신이 가야 할 다른 길을 찾아냈다. 그는 잘 다니던 섬유회사를 그만두고 롤러스케이트를 만드는 사업을 시작했는데, 롤러스케이트가 아이들의 인기를 끈 덕분에 큰 성공을 거두었다. 그와는 다르게 열심히 회사 생활만 했던 섬유공학과 동기들은 성공한 친구를 부러워하며 남은 인생을 살아가고 있다.

최근 공무원이 철밥통이라는 생각에 너도나도 공무원 시험 준비를 하고 있지만 과연 그것이 옳은 일인지는 생각해봐야 한다. 공무원 연금 개혁안으로 나라가 시끄러운 걸 보면 5년 후, 10년 후 공무원의 지위가 어떻게 변할지는 알 수가 없는 일이다.

나는 '1인 기업가'다

　　1980~1990년대 기업 차원에서 행해야 할 굵직한 결정은 경영진이 전략팀에 경영전략을 내리면 전략팀에서 공지사항을 만들어 모든 부서에 내려보냈다. 각 부서에서는 지침을 받은 대로 실행하면 되었다. 직원들은 많은 생각을 할 필요도 없었다. 오로지 지침대로, 정해진 시간 내에 실행하는 사람이 요즘 말로 '갑'이었다.

　　만약 지시대로 실행하던 중에 문제가 있다 해도 그대로 진행해야 했다. 그 시절에는 그것이 모범적인 직원상이었다. 컨트롤타워 격인 경영진은 정교한 사업전략을 펼치기 위해 수족처럼 부릴 수 있는 부하를 선호했다. 당시 기업이 원하는 인재상은 근면성과 성실성이 최고였다.

　　하지만 21세기에 들어서면서 실행형 직원은 퇴조하고 무에서 유를 만들어가는 기업가형 인재상이 각광을 받고 있다. 말단 직원의 아이디어라도 실현 가능성이 있다면 이를 추진해 시장을 개척하고 사업을 추진하는 드라이브 능력이 중요시되었다. 그래서 현재 기업이 원하는 인재의 키워드는 창의, 혁신, 도전이다.

세콤 서비스로 유명한 에스원의 이우희 사장도 한 세미나에서 "경험·협력의 시대에서 창의·지식의 시대로 변화하면서 기업이 바라는 인재상도 작전 지시에 순응하는 병사형 인재에서, 독자적으로 판단해 작전을 구사하는 전사형 인재로 변화하고 있다"고 지적했다. 직원들의 독자적인 사업 능력이 중요하다고 강조한 것이다.

시키는 일만 했던 직장인은 더 이상 필요 없는 사회가 되었다. 기업은 혼자서 사업체를 만들고 기획·총괄하는 인재를 원한다. A부터 Z까지 스스로 해내는 사람, 무슨 일이 닥쳐도 난관을 슬기롭게 헤쳐 나가는 사람, 혼자서 동기부여를 하며 일을 개척해 나가는 사람 등 언뜻 보기에는 월급쟁이지만 성공적인 독립 사업가의 역량을 지닌 인재 말이다. 이런 사람은 언제고 명령만 떨어지면 신사업을 기획하고 설립하기 위해 새로 법인 설립이 가능한 사람이다. 기업은 그런 인재를 찾는다.

정글에서도 살아남는 생존력과 끈기

너도 알다시피 21세기 기업환경은 정보와의 전쟁이다. 수많은 정보가 빠르게 양산되고, 그것은 빛의 속도로 유통된다. 어제의 진리가 오늘은 먹히지 않는 일이 허다하다. 변화가 잦고 빠르게 일어나는 만큼 전사적인 사업 추진 못지않게 각 팀별로 진행하는 섬세하고 능동적인 움직임도 중요하다. 그런 일을 해낼 수 있는 사람이 바로 독립적인 사업가의 자질을 가진 사람이다.

독립적인 1인 기업가형 직원은 어떤 환경에 떨어뜨려놓아도 혼자 살아서 돌아올 끈질긴 생명력의 소유자여야 한다. 정글에서 가장 오래 살아남을 수 있는 사람, 팀 전체를 난관에서 구할 사람 말이다.

나는 입사 2년 차이던 1980년대 중반, 종합상사에 근무할 때 선배 사원과 함께 태스크포스팀이 되어 수입 업무를 추진했다. 그때까지만 해도 종합상사는 정부의 수출 드라이브 정책으로 완전히 수출 위주의 업무만 하였다. 수입 업무도 하긴 했지만 재수출을 위한 수입 정도였다.

처음 선배와 나는 아주 열정을 갖고 시장 조사를 하고, 수입업계 사람들을 만나고, 우리 회사가 할 수 있는 수입 업무를 파악했다. 선배는 일본어, 영어가 유창하고 해외 경험도 많은 사람이었다.

그러기를 4, 5개월쯤 했을까. 서서히 결론이 나오는 듯했다. '수입이란 게 그렇게 쉽지만은 않다'는 것이었다. 그동안 몇 번의 보고로 윗사람들도 그런 낌새를 알아챘는지 업무 보고를 하면 자꾸 뒤로 미루며 관심을 흐리는 분위기였다. 그러면서 "뭐라도 작은 가시적인 결과를 내서 회사 쪽의 지원을 더 얻어보라"고 했다.

선배와 나는 점차 맥이 빠졌고, 회의실에서 아무 말 없이 앉아서 한숨을 쉬는 횟수가 늘어났다. 되는 일이 없었고, 딱히 알아볼 일도 없었고, 무엇보다 지쳤다. 일이 없다는 것이 그렇게 힘들 줄 몰랐다. 일이 많아 정신을 못 차리는 동료를 보며 부러워하게 될 날이 있으리라곤 생각지도 못한 것이다.

용기를 내어 새로운 외국 기업들과 접촉한 뒤 국내 시장을 조사하고 돌아와서 다시 마주 앉아 한숨 쉬기를 반복했다. 그만큼 새로운 사업을 시작한다는 것은 어려운 일이었다. 수입 업무를 시작한 지 1년 만에 대형 공작기계 수입을 힘들게 성사시켰다. 그러나 그 일을 성사시키기까지 에너지 소모는 극심했다.

신사업을 추진하려면 먼저 동기부여가 되어야 하고, 끝없는 실패에 좌절해서는 안 되며, 무엇보다 회사를 설득할 수 있어야 한다. 그러기 위해서는 가시적인 결과를 보여줘야 한다. 어느 것 하나 쉽지는 않다. 그러기에 정글에서도 살아남을 수 있는 강인한 정신력을 가진 사람이 필요한 것이다.

성공하기까지 좌절은 기본이다

과거에는 신사업을 추진하는 것 자체가 말 그대로 '엑스트라'였다. 되면 좋고, 안 돼도 할 수 없다는 식이었다. 그러나 요즘 기업들은 신사업이야말로 미래의 먹거리라고 생각한다. 신사업은 기업의 미래가 걸려 있기 때문이다.

소비자와 시장 환경이 하루가 다르게 변화하고 있다. 하나의 아이템이 전 직원을 먹여 살릴 수 있을 사업으로 발전하기까지 수많은 난관이 기다리고 있다. 성공의 달콤한 열매를 얻을 때까지 인내와 노력으로 버텨주어야 한다. 일을 추진하면서 겪게 되는 실패와 좌절을 당연하게 받아들여야 한다.

회사는 신사업을 찾으려고 다각도로 지원하지만, 한편으로는 증명되지 않은 것이므로 언제든 발을 뺄 준비도 한다. 이런 환경에서 너는 1인 사업가 기질을 갖추지 않으면 안 된다.

사업가적 기질이 있다면 사업을 하지 취직할 필요가 있는지 의아심이 생길 것이다. 그러나 조직에서 미래의 리더로 성장하기 위해서는 물론이고 실제로 사업을 하고 싶은 사람에게도 이런 경험은 필수다. 곧바로 사업체를 차리기보다는 회사에 취업해서 회사 조직을 경험하고, 새로운 사업을 탄생시키기 위해 조직이 어떻게 움직이는지를 직접 눈으로 보는 경험이 필요하다. 아무런 경험도 없이 자기 사업을 하겠다고 뛰어드는 것은 매우 위험한 처사다.

또한 굳이 자기 사업을 하지 않는다 하더라도 회사 안에서 내가 꿈꾸던 사업을 펼쳐갈 수도 있다. 자본, 브랜드네임, 업무지원, 네트워크 등을 고려하면 기업 내에서 새로운 사업을 펼치는 것이 개인이 자기 자본을 들여 시작하는 것보다 몇십 배 용이하다. 명실공히 회사 인의 '1인 기업가'가 되는 것이다. 그 사업을 온전히 내 것으로 만들겠다는 욕심만 버린다면 회사는 내 꿈을 실현시켜줄 아주 좋은 기반이 된다. 또한 신사업에서 수익이 나기 전에도 꾸준히 월급을 받을 수 있다는 이점이 있다.

나도 한때 직장 동료 몇 명과 사업을 한 적이 있다. 주로 국내 기업에 외국 투자기관의 투자를 알선하는 일이었는데, 월급쟁이 15년의 내공이 있었지만 내가 사업을 하며 겪은 스트레스는 말할 수 없이 컸다. 매월 줘야 할 월급이며, 기본 운영비로 많은 돈이 나갔지만 들어오는 수익은 들쭉날쭉해 애를 태웠다.

사업을 한다는 것은 모든 일을 온전히 책임져야 하기 때문에 직장 생활보다 심리적으로 몇 배는 힘들다. 이에 비해 회사 내에서의 신사업 업무는 비용, 네트워크 구축 등의 문제없이 내가 능력껏 열정적으로 하면 된다. 뒤에 든든한 회사가 버텨주고 있기 때문이다.

세상에 어려운 일이란 없다.
단지 마음을 오롯이 하지 않은 데서 말미암을 뿐이다.
- 『명심보감』

STEP 7

수신제가 치국평천하
- 미래 리더로서의 자기 관리

사람들은 당신의 장점을
당신의 도움 없이 발견했을 때
훨씬 더 인상 깊어한다.

- 주디스 마틴

오직 적만이 나의 진실을 말해준다.
친구와 연인은 의무감이라는 덫에 걸려
끝없이 거짓말을 한다.

– 스티브 킹

우리 회사가
나에게 최선인 이유

● ● ●

　　취업이 어려운 시대라고 하지만 취업 후 짧은 기간 내의 이직률이 꽤 높다. 2012년 한국고용정보원의 조사 결과에 따르면 대학 졸업 후 취업한 첫 직장을 2년 이내에 그만두는 비율이 75.4퍼센트에 달한다고 한다.

　　이는 개인이나 국가적 차원에서도 너무나 큰 손실이다. 어찌 보면 요즘같이 취업하기 어려운 시대에 웬만하면 합격한 회사에 나가자는 생각에 일단 입사하다 보니 이런 상황이 온 것이다.

　　네가 지금 회사에 입사할 때 고민했던 것처럼, 평소 은행 같은 금융업에 취업하고 싶었지만 어쩌다 무역회사에 취직되었다든지, 광고회사에 가고 싶었지만 어쩌다 지원한 IT회사에 합격해서 다니게 된 것이다. 극심한 취업난에 내가 원하지 않는 회사라고 해서 이를 고사할 사람은 많지 않다. 주변에서도 일단 합격한 회사에 다니라고 권유할 것이다.

　　그렇다면 이직률을 최소화하고, 내가 입사한 회사에 만족감을 갖고 다닐 수 있는 방법은 무엇일까? 합격통지를 받았을 때 반드시 생각해둬야 할 게 있다. 내가 취업한 무역회사 혹은 IT회사가 '내 꿈을 펼칠 수 있는 곳인 가'라고 자문해봐야 한다. 이를 위해서는 합격한 회사뿐 아니라, 원래 목표로 했던 회사와 합격한 회사가 속한 사업 분야의 동향도 함께 살펴보는 것이 좋다. 동향은 최근 경제 분야의 이슈를 쭉 살펴보면 기본적인 사항들을 파악할 수 있다. 그런 뒤 합격한 회사가 정말 나에게 잘 맞는지, 이 회사가 다른 회사에 비해 어떤 장점이 있는지 따져보아야 한다. 그렇게 하여 긍정적인 결론을 얻는다면 입사해도 좋다. 그러나 '지금의 나에게 이만한 직장이 없다'는 확신이 없다면 재고해보는 것이 좋다.

시간이 지나도 회사의 업종이 네가 희망했던 것과 차이가 나고, 나중에 좋은 기회가 온다면 이직을 시도해도 좋다. 기본적으로 직장에 관한 한 모든 게 신중해야 한다는 의미로 받아들였으면 한다.

'묻지 마' 입사·퇴사를 지양하라

많은 직장인들이 아무 생각 없이 직장을 바꾸는 것을 자주 본다. 사소한 문제를 가지고 '이 회사는 나와 안 맞는다'며 그만두고, 힘든 일이 많다고 그만두고, 잠시 쉬고 싶다고 그만둔다. 짧게는 3개월에서 길게는 1년을 못 참고 직장을 그만둬 버린다. 그러고는 곧 새 직장을 찾아 나선다.

이런 부류의 사람들은 직장에 들어갈 때 별다른 생각을 하지 않는 것 같다. 자신이 몸담게 된 회사의 가치를 제대로 모르고, 회사가 자신에게 어떤 의미가 있는지도 생각지 않는다. 그래서 대수롭지 않은 문제로 사표를 쓰는 것이다.

문제는 직장 생활 1, 2년차에 직장을 한 번 이직한 사람은 일반 회사원보다 직장을 더 자주 이직하는 경향이 있다. 한 번 이직해보니 이직이 별 게 아니라고 생각할 수가 있다. 나름의 핑계는 있다. 지금 직장에서 비전을 찾을 수 없다느니, 업종이 사양산업이라느니, 상사와 잘 안 맞는다느니, 동료들과 대화가 통하지 않는다느니 하며 핑계를 댄다. 이 모든 이유를 간단히 압축하면 '싫은 것, 힘든 것은 피하고 싶다'가 아닐까.

이렇게 퇴사한 뒤 새로운 직장을 찾으면 당장은 좋을지 모른다. 하지만 장기적으로 보면 이는 자신에게 마이너스다. 이직을 자주 하면 전문성을 갖추기도 어렵거니와 직장을 자주 바꾼 이력 때문에 새로운 일자리를 구하기가 어려워진다.

일반적으로 기업들은 정당한 사유가 없는 한 직장을 자주 옮기는 사람을 좋게 보지 않는다. 누구나 납득할 만한 조건으로 스카우트되었다든가, 아니면 자신의 성향과 맞지 않아 다른 업종으로 옮겼다든가, 회사에 심각한 문제가 있다든가 하면 옮길 수도 있다. 그러나 특별한 이유 없이 직장을 옮긴다면 한 번 옮길 때마다 이력서에 쓰인 스펙의 20퍼센트 정도는 깎인다고 봐야 한다. 게다가 이직이 잦다 보면 사회 부적응자로 낙인찍힐 수 있다.

직장을 이직하다 보면 새로운 회사에 적응한다는 것이 쉽지 않은 일이라는 걸 알게 된다. 낯선 환경에 적응하는 것도 힘들거니와 크고 작은 텃세에 맞서려면 스트레스가 크다. 어느 회사건 간에 조직에서 잔뼈가 굵은 터줏대감들이 있는데, 이들은 외부에서 새로 온 경력 직원을 온갖 이유로 괴롭히거나 따돌리기까지 할 수 있다. 이들과 충돌이 일어났을 때 불리해지는 건 새로 들어온 경력 사원이지 터줏대감이 아니다. 특히 터줏대감 못지않게 연봉이 세거나 윗사람의 사랑을 받는 경력 사원은 같은 또래의 동료들과 어울리는 것이 훨씬 힘들다.

그러니 이직하려거든 납득할 만한 정당성이 있을 때 하라. 어느 직장에 가나 나를 환영해주고 편하게 대우해주는 소위 '물 좋고 정자 좋은 자리'는 없다는 뜻이다. 크건 작건 문제는 늘 있다. 그러니 여우 피하려다 결국 범을 만날 수 있다는 사실을 알아야 한다. 어려울 때마다 직장을 그만둔다면 결국 어느 곳에도 정착하지 못한다.

꽤 유용한 '신입 프리미엄'

신입 사원으로 직장 생활을 시작할 경우 좋은 점은 무엇일까? '신입 프리미엄'을 마음껏 누릴 수 있다는 것이다. 신입 프리미엄이란 직장의 고참, 선후배의 관심을 받을 수 있고, 웬만한 실수는 용인되며, 새내기로서 받는 풋풋한 사랑을 말한다.

이 시기에는 누구를 만나든 신입 사원인 나를 곧바로 알아본다. "저는 공채 몇 기고요. 이 본부에 근무하는 누구누구와 동기입니다. 또 그 팀의 K씨가 저의 1기 선배입니다"라고 말하면 신선함이 물씬 묻어난다.

고참 입장에서는 사회에 첫발을 내디딘 신입 사원들이 귀엽고 대견해서 밀어주고 끌어주고 싶은 마음이 절로 생긴다. 그래서 첫 단추를 잘 꿴 사람들은 나중에 이직하더라도 첫 직장을 '친정'이라고 부르며 애정을 갖는다. 첫 직장은 너에게 상당한 프리미엄이 있다는 사실을 명심해야 한다.

만약 첫 직장에 잘 다니다가 이직을 결심하게 되었다 해도 절대 겉으로 내색해서는 안 된다. 초보 직장인 중에는 이직을 결심한 뒤 전반적인 근무 태도나 업무 성과가 급격하게 나빠지는 경우가 있다. 이런 자세는 경계해야 한다. 마지막으로 출근하는 날까지, 그 회사에 소속된 직원으로서의 본분을 다해 일을 마무리 지어야 한다. 네가 빠지면 사람들이 아쉬워할 정도로 열심히 일해라. 지금 다니는 회사가 미래에 너의 평판을 이야기해줄 곳이기 때문이다.

우리는 단 3분의 전화통화로 한 사람에 대한 평판 확인이 가능한 시대에 살고 있다. 네가 원하는 동안 언제까지고 그 업계에 남아 있고 싶다면 지금 다니는 회사와 헤어질 때 좋은 모습을 보여야 한다. 반면 지금 다니는 직장에서 지속적으로 근무할 생각이라면 스스로에게 다음과 같은 동기부여를 해보자.

첫째, 입사 후 첫 출근길이 얼마나 설레었는지, 그동안 이 일을 얼마나 하고 싶어 했는지, 또한 이 일이 나는 물론 고객, 동료 직원, 주주에게도 얼마나 도움이 되었는지 생각해보자. 게다가 내가 하는 일은 나의 경력에도 도움이 될 것이므로 회사는 나에게 좋은 기회를 제공하고 있다고 긍정적인 생각을 해보자.

둘째, 이 회사에 입사하려고 얼마나 많은 노력을 했고, 또 네가 얼마나 운이 좋은지도 매일 생각해보자. 어려운 일이 닥칠 때마다 이 회사에 온 것을 후회하고 문제가 생길 때마다 '내가 여기서 무얼 하고 있는 거지?'라고 생각해서는 안 된다. 그렇다면 애당초 다른 직장을 찾아봐야 했었다. 성공하고 싶다면 매일매일 네가 얼마나 운이 좋은 사람인지 감사하고 또 감사해라. 사람은 소중한 그 무엇을 갖고 있을 때는 가치를 모르다가 잃어버리고 나면 그 가치를 깨닫는 법이다.

나를 변화시키는
하루 30분
● ● ●

　대부분의 기업들은 직원들이 업무에 지장을 초래할 정도로 자기 계발하는 것을 싫어한다. 예를 들어 네가 대학원에 다니기 위해 일주일에 이틀을 한두 시간 일찍 퇴근하겠다고 하면 회사는 달가워하지 않을 것이다. 회사 입장에서는 업무와 네 학력은 아무 상관이 없다. 또 한창 바쁜데 대학원에 강의 들으러 가버리면 남은 일은 동료의 몫이 되고, 팀장의 부담은 가중된다.

　때문에 직장인으로서의 자기 계발은 되도록 직장 생활에 지장을 주지 않는 범위 내에서 하는 것이 좋다. 부담이 없고 지속적으로 할 수 있는 것을 골라서 하는 게 현실적이다. 예를 들어 대학에 다니더라도 방송통신대학이나 사이버대학에 다니는 것이 훨씬 부담이 없다. 이렇게 학위를 딴 뒤 정말 더 공부하고 싶다면 그때 대학원을 다시 고려해봐도 된다. 직장 생활을 하며 대학원에 다닐 경우는 야간에 다니면 된다. 대학원은 학부보다 강의 시간에 유연성이 있다. 주말 강의나 저녁 강의를 들어도 된다.

사실 대학이나 대학원은 우리가 업무를 수행하기 위한 직접적인 지식이나 기술을 가르쳐주는 곳은 아니다. 그래서 기업 입장에서는 직원이 학교에 다니는 것에 적극적이지 않다. 만약 업무와의 직접적인 연계성을 찾을 수 없고 장기적으로 봐도 내 커리어에 석사나 박사 학위가 별 의미가 없다면, 학위를 따는 것보다 업무에 도움이 되는 실질적인 공부를 하는 것이 좋다.

직장 생활 중에 박사학위를 마쳤다고 하면 '그만큼 치열하게 살았다'라고 하기보다 '그만큼 업무에 소홀했다'고 달리 해석하는 임원이나 경영자도 있다. 그런 만큼 지금 네 업무에 관련된 공부를 찾아 몰두하는 것이 더 바람직하다고 생각한다.

기업 입장에서는 직원들의 업무와 관련된 자기 계발은 환영한다. 업무와 관련된 전문 지식을 배운다면 회사에 정식으로 이야기해도 무방하다. 오히려 회사에서 자발적으로 지원해줄지도 모른다. 회사 내에 관련 전문가가 없다면 네가 그 방면의 지식을 쌓아서 전문가로 자리매김하는 것도 좋다.

외국어에 부담을 갖지 마라

자기 계발을 한다는 목적으로 외국어를 공부하는 직장인이 많다. 물론 외국어를 공부하는 것은 좋지만 모든 사람이 원어민 수준의 외국어를 습득할 필요는 없다.

외국어 습득이 결코 짧은 기간에 이루어지는 것이 아닌데도 많은 사람들이 '1개 이상 외국어 능통'을 목표로 기나긴 시간과 비용을 투자하고 있다. 이는 불필요한 에너지 소모다. 내 업무와 관련해 도움이 될 정도, 기초적인 대화를 할 수 있는 정도면 족하다.

만약 수년 내에 외국계 회사로 이직을 생각하고 있다면 관련 외국어를 천천히 공부해두는 게 좋다. 이때는 공식 시험보다 관련 회사와의 비즈니스 회화나 대화할 때의 매너, 그리고 그들의 사고방식을 공부하고 이해하는 게 훨씬 더 중요하다.

흔히 외국어 공부를 시작했다 하면 공식적인 시험에서 일정 수준 이상의 점수를 올리려고 열을 올린다. 하지만 정작 외국인과의 면접에서 공식적 시험 점수는 아무런 힘을 발휘하지 못한다. 점수보다는 외국인들이 '이 친구하고는 의사소통이 가능해. 내 말을 이해하고 있어'라고 생각하는 게 중요하다.

이를 위해서는 학원에서 공부하기보다 외국 친구들과 모임을 만들어 그들과 자연스럽게 어울리며 언어를 습득하고 그들의 문화를 접하는 것이 좋다. 타인과의 소통은 공통의 화제, 위트, 유머를 이해하는 것이 무엇보다 중요하기 때문이다. 그리고 최근의 해외 화제나 이슈 같은 것을 알아놓는다면 금상첨화일 것이다.

외국인을 사귈 때에는 우리 문화와 음식 등 우리 것을 무조건적으로 권하는 것은 옳지 않다. 이런 막무가내식 접대는 외국인들이 크게 부담스러워한다는 사실을 꼭 기억해두었으면 한다. 그들이 먼저 "광장시장에서 먹은 빈대떡이 맛있었고, 막걸리도 입맛에 맞았다"고 한다면 접대해도 무방하지만, 우리나라 음식이 최고라는 식으로 대화를 끌고 가서는 안 된다.

외국인들이 불고기를 좋아한다고 해서 네가 만난 외국인을 모조리 불고기집에 초대해 억지로 먹도록 강요하지 말라는 이야기다. 내가 아는 외국인 동료들 중에는 우리 음식을 좋아하는 사람도 있었지만 그저 그렇게 생각하는 사람도 많았다. 사람마다 취향은 가지각색이니까.

회사에서 필요한 영어, 기본적인 이메일 작성 수준

회사에서 영어는 어느 정도로 중요할까? 대부분의 우리나라 직장에서는 상당한 수준의 영어 실력이 필요한 것은 아니다. 학창 시절 영어 공부를 열심히 했던 네 입장에서는 허탈하겠지만 사실이다.

바이어를 많이 만나는 무역회사에서도 기본적인 대화와 이메일을 쓰는 것이 가능하면 별 무리 없이 업무를 수행할 수 있다. 사업 관련 용어나 비즈니스에 필요한 용어 정도만 알아도 웬만한 대기업의 국제부서나 무역회사에서 일하는 데 큰 무리는 없다.

또 우리나라 기업의 무역 상대국이 대부분 비영어권 국가여서, 상대방도 비교적 쉽고 기본적인 수준의 영어를 구사한다. 미팅이나 전화통화를 할 때 상대가 지나치게 어려운 영어를 사용해 네가 이해하지 못할 일은 거의 없다고 봐야 한다. 상대방이나 너나 비슷한 실력이라는 의미이다.

금융업 역시 마찬가지다. 직원 수가 몇 명 안 되는 국제 관련 부서에 근무하지 않는 한 영어를 사용할 일은 거의 없다. 은행 지점이나 증권사, 보험사의 마케팅부서에 근무하며 한 달에 영어 쓸 일이 몇 번이나 될까? 아마 한 번도 없을 것이다.

해외 지사에 근무하려면 영어를 잘하는 것이 유리하겠지만, 대부분의 회사에서 현지인을 통역 겸 직원으로 고용하고 있으므로 기본 회화나 문서 작성이 가능하다면 큰 부담은 없다. 나는 영어를 잘 못하는 사람들이 현지 기업인들을 만나 문제없이 비즈니스를 해내는 것을 보았다. 나중에 승진해 직급이 올라가서도 기본적인 영어가 가능하다면 크게 불이익을 받지 않는다.

자, 이쯤에서 내 경험을 통해 영어를 쉽게 습득할 수 있는 방법을 소개해볼까 한다. 앞서 이야기했지만 어찌 되었든 영어는 모든 직장인들의 고민거리인 만큼 내가 공부한 방법이 도움이 되었으면 한다.

종합상사에 다닐 때, 근처 외국어학원에서 점심시간을 이용해 2년 동안 AFKN미군방송 청취반에서 공부했다. 영어 공부가 무척 재미있었다. 만약 당시 토플반에서 들었다면 지루해서 그렇게 오랜 기간 공부하지 못했을 것이다. AFKN 청취반에서 시트콤 코미디나 미국 드라마 위주로 듣기 listening를 배웠는데, 다음 회가 궁금해서라도 계속 다니지 않을 수 없었다. 학원에 다니는 동안 예습, 복습 같은 것은 전혀 하지 않았지만 그때 들어둔 것이 이후 외국계 회사에 다닐 때 큰 도움이 되었다.

그건 그렇고, 내 영어 실력이 가장 많이 늘어난 시기는 학원 다닐 때도, 유학 시절도 아니었다. 일 때문에 영어로 회의를 하고, 어려운 상황에서 고객을 설득하기 위해 땀을 뻘뻘 흘려가며 영어로 설명하고, 외국인 상사에게 잘 보이기 위해 초집중해서 대화했을 때 가장 많이 늘었다. 즉, 외국어 실력은 공부를 위한 공부보다 필요에 의해서 공부할 때 가장 많이 는다.

나는 외국어 배우기를 이렇게 정의하고 싶다. 기본적인 언어 구조나 단어는 초반에 공부해야 하지만, 그 이상으로 실력을 늘리려면 직접 그들과 부딪혀야 쉽게 배운다는 사실이다. 그런 환경이 조성되지 않으면 당분간 다른 종류의 자기 계발에 집중하는 게 경제적이다. 찾아보면 자기 계발거리는 수없이 많다. 그러려면 마음의 안테나를 좀 더 높이 세워야 한다.

독서는 선택이 아닌 필수다

내가 책을 펴내다 보니 새 책이 나오면 주변 지인들에게 선물을 하게 된다. 나중에 그들을 만나 내 책의 내용에 대해 말하는 걸 보면 그 사람이 책을 제대로 읽었는지, 대충 읽었는지, 전혀 읽지 않았는지를 단번에 알 수 있다. 그들의 대답을 통해 느낀 점은 독서를 즐기는 사람은 책을 깊이 있게 읽고, 독서를 즐기지 않는 사람은 거의 목차조차도 읽지 않는다는 사실이다. (중간 독서자는 드물었다.) 내 책을 제대로 읽은 사람들은 내용을 전반적으로 알고 있는 것은 물론 인상 깊은 글귀를 기억하고 있어 놀란 적도 있다.

그동안 공부하느라 책 읽는 데 시간을 내지 못했다면 이제부터라도 좋은 독서습관을 길렀으면 한다. 당장은 그 사람의 독서력이 드러나지 않을지 모르지만 30, 40대의 중년이 되면 작은 독서 습관이 엄청난 차이를 만든다. 학교 졸업 이후 책을 안 읽는 사람은 시끄러운 빈 수레로 남는 반면, 독서량이 많은 사람은 차원이 다른 삶을 살아가게 된다. 이는 가벼운 토론이나 회의를 해봐도 결과가 나타난다.

이를테면 독서력이 있는 사람은 우리가 왜 인문학을 알아야 하는지, 우리 사회와 비즈니스 환경이 어떻게 변화하고 있는지, 정보화 사회의 미래가 어떻게 변화할 것인지 등의 주제에 대해 자신의 생각을 간결하게 설명할 수 있다. 또 지속적으로 새로운 지식을 받아들이다 보니 다른 사람의 의견에 오픈마인드가 되어 있고 언제든 배울 준비가 되어 있어 커뮤니케이션 능력이 뛰어나다.

반면 책을 읽지 않는 사람은 세상을 보는 눈이 편협하다. 따라서 이들은 다른 사람과 커뮤니케이션을 하기는커녕 자신의 의견만 내세우는 독불장군으로 변할 수 있다.

세상을 보는 시야를 넓히고 지적 수준을 향상시키기 위한 자기 계발법으로 독서만 한 것이 없다. 책의 종류는 다양할수록 좋겠지만 사회의 이슈가 되는 분야의 책은 꼭 읽어야 한다.

그렇다면 책을 한 달에 몇 권 정도 읽어야 할까?

독서량은 책의 성격에 따라 차이가 있을 것이다. 빠르게는 두 시간에 읽을 수 있는 책도 있고, 두고두고 한두 페이지씩 읽어야 하는 책도 있다. 그렇다면 대략 한 달에 두세 권을 읽는 데는 무리가 없지 않을까. 지하철이든 욕조 안에서든 혼자만의 시간을 활용해 책을 읽도록 해라.

사실 새로운 지식이나 정보는 스마트폰을 통해 얼마든지 얻을 수 있다. 문제는 인터넷에서 쏟아져 나오는 지식이나 정보들은 정리가 잘 안되어 있고 단편적이며 깊이가 없다는 것이다. 이렇게 확인되지 않은 단편적 지식이 우리의 일상을 위태롭게 할 수 있다.

전 하버드대학 총장 W. 엘리엇은 다음과 같은 말을 남겼다. "책은 가장 조용하고 변함없는 벗이다. 책은 가장 쉽게 다가갈 수 있고, 가장 현명한 상담자이자 가장 인내심 있는 교사이다"

Let's not talk shop!
– 스트레스를 관리하라

● ● ●

우리가 하루 중 회사에서 보내는 시간은 얼마나 될까. 직장마다 다르겠지만 학교에서 보냈던 것보다는 훨씬 많은 시간을 보낸다. 직장에서는 보통 오전 9시 이전부터 오후 6시 혹은 그 이후까지 일하게 된다. 직장인은 그 긴 시간을 일에 묻혀 업무와 관련된 사람들과 부대끼면서 생활한다.

평일 저녁은 여유가 없다. 집으로 돌아와 저녁 먹고 씻고 잠깐 쉬다 보면 내일을 위해 잠을 자야 한다. 주말이 되어야 휴식을 취할 수 있지만 미루어두었던 일을 처리하다 보면 시간은 금세 지나간다. 이렇게 온전한 휴식시간이 부족할 경우 심리적 장애를 겪을 수 있다. 아무리 좋아하는 일을 하고, 일이 잘 풀리더라도 일 스트레스, 사람 스트레스는 어쩔 수 없이 쌓이게 마련이다.

문제는 대부분의 직장인들이 스트레스 푸는 방법을 알지 못한다는 데 있다. 시간적 여유가 없다 보니 새로운 취미나 소일거리를 찾는 건 쉽지 않고, 기껏해야 퇴근 후 동료들과 한잔하며 회사 일에 대해 이런저런 이야기를 하는 게 전부다. 모였다 하면 회사 이야기뿐이니 지루해서 이런 제안을 하기도 한다.

"술 마시는 자리에서 '공장' 얘기 하지 말기!"

하지만 이내 다시 회사, 업무, 상사 이야기로 돌아온다. 별달리 공통 관심사가 없기 때문이다.

신입 때 나는 고참들과 함께 술자리에 간 적이 있었는데, 우연히 그 식당에 고객과 함께 들어온 부장님이 "내가 있으면 안줏감이 없어져서 안 되겠군. 많이들 들게" 하고 웃으며 나갔다. 그렇게 단순한 생활을 하는 우리 직장인들은 어떻게 보면 가엾다.

이런 현상은 외국에서도 마찬가지이다.

"Let's not talk shop!"(동료와 사석에서 '가게' 즉, 회사 이야기 하지 말기!)

이렇게 모두들 직장 스트레스에서 벗어나려고 무척 애를 쓰지만 헤어나기가 쉽지 않다. 문제는 이런 스트레스를 해소하지 않고 쌓아두면 언젠가는 폭발한다는 것이다.

우리가 받는 스트레스에 불을 당기는 요소는 무엇이 있을까. 동기는 진급하고 나는 진급되지 않았을 때, 나보다 못한 줄 알았던 직원이 훨씬 더 많은 연봉을 받는 것을 알았을 때, 내가 아이디어를 내어 진행한 프로젝트의 공을 윗사람이 가로채 공로를 인정받을 때, 팀에서 나에게만 많은 업무를 맡긴 뒤 일의 결과가 만족스럽지 못하면 질책할 때 등등이다.

스트레스가 폭발하는 형태는 다양하다. 상사 들이받기, 동료들과 시비

붙기, 회의석상에서 자기 의견 내세우기, 거래처에 화풀이하기, 주먹으로 책상 내리치기, 과격한 이메일 보내기, 회식 도중 서럽게 울기, 무작정 술 마시기, 주위 사람들 들으라는 듯 전화로 소리 지르며 싸우기 등 다양한 형태로 나타난다.

우리 인간은 감정적 동물이므로 자신이 불이익을 당했다고 생각하면 화가 나게 마련이다. 그렇다고 무슨 일이든 감정적으로 대응하게 되면 직장 상사며 동료들은 화를 낸 당사자를 나쁜 성격의 소유자로 규정할 수 있다. 99일을 모범 직원으로 지내다가 단 하루 아니, 딱 한 번 이렇게 폭발해도 직장에서는 그 사람을 '성격에 문제 있는 사람'으로 낙인찍는다. 그러고는 '성격적으로 문제 있는 사람과 어떻게 같이 일한단 말인가. 그에게 중요한 업무를 맡기는 것을 고려해봐야겠다'고 생각할 수 있다. 회사라는 곳은 실수 한 번으로 모든 평가를 내리는 가혹한 곳일지도 모른다.

스트레스, 쌓이기 전에 풀어라

스트레스가 많이 쌓인 상태에서는 자칫 일탈 행위를 할 수 있다. 이는 내 성격이 나빠서가 아니라 쌓인 스트레스를 잘 관리하지 못해서이다.

직장 생활을 성공적으로 잘해내고 싶다면 내 스트레스가 얼마나 쌓여 있는지 체크하는 시간을 가져야 한다. 그리고 나만의 스트레스 해소법을 개발하는 것이 중요하다.

어떤 사람은 자신이 받는 스트레스를 건별로 재해석해서 스트레스를 최대한 받지 않도록 노력한다. '이 팀은 성격이 강한 사람들이 다수 모여 있으니 간혹 거친 말이 오가더라도 한 귀로 듣고 한 귀로 흘리자', '우리 팀장이 지금 짜증을 부린 것은 조금 전에 이사님께 한소리 들어서 그러니 이해하자', '이번 일의 결과가 안 좋았다고는 해도 최선을 다했고 배운 것도 있으니 이것으로 만족하자'는 식이다. 이 정도의 사고력이 있다면 대단한 사람이다.

분명한 것은 스트레스가 심하다면 업무를 끝내러 애쓰기보다는 당분간 그 일과 약간의 거리를 두는 것도 좋다. 퇴근 후나 주말에는 의식적으로 업무 생각을 피하고, 친구를 만나거나 영화를 관람하는 등 휴식을 취하는 것이 좋다.

내가 아는 헬스클럽의 한 트레이너는 직장 스트레스에서 놓여나는 방법으로 퇴근 즉시 유년 시절이 행복했던 모습을 떠올리며 동요를 불러보라고 했다. 생뚱맞은 조언이라고 생각했지만 호기심에서 해보았더니 놀라울 정도로 유쾌해졌다.

평일 근무 중에 만약 외근이 있다면 목적지보다 한두 정거장 먼저 내려서 '햇볕 샤워'를 하며 천천히 걸어보아라. 아니면 잠시 업무를 중단하고 차 한 잔과 함께 좋은 시 한 편을 읽어보는 것도 좋다. 놀랄 정도로 마음이 안정될 것이다. 점심시간을 활용해 잠시 휴식을 취하는 것도 방법이다.

사람은 살아가면서 어떤 행태로든 스트레스를 받게 되어 있으므로 나만의 스트레스 해소법을 개발하는 것이 좋다. 아침에 한 시간 요가를 하거나 저녁에 조깅을 하는 것도 좋다. 최근에는 컬러링 북에 색칠을 하면서 스트레스를 푸는 젊은이들이 많다고 한다. 아니면 드로잉 책을 한 권 사서 드로잉 연습을 해보는 것도 좋다. 미술과 관련된 일에 몰두하게 되면 쉽게 스트레스의 강을 건널 수 있다는 통설이 있다.

그 외에 뜨끈한 물로 샤워하기, 말 잘 통하는 사람과 만나 수다 떨기, 땀을 뻘뻘 흘릴 정도로 운동하기, 동료와 한잔하기, 맛있는 음식 양껏 먹기, 나만의 취미에 몰두하기, 초저녁부터 아침까지 푹 자기 등등이 있다.

요리나 집 안 청소를 하는 것도 심신의 균형을 위해 아주 좋은 스트레스 처방전이다. 메뉴를 정해 시장을 보고 요리를 해 먹는 사이 감정에 변화가 와서 유쾌한 기분을 느낄 수 있기 때문이다.

하지만 위에서 제시한 것만으로는 대처가 불가능하다면 전문 상담가나 신경정신과 전문의와 정기적으로 상담해봐야 한다. 신경정신과 기록이 남는다는 것은 낭설이라고 한다. 어느 대기업은 모든 임원들에게 의무적으로 신경정신과 전문의와 상담하게끔 주선해주고 있다고 한다.

하루 열 시간 이상 업무에 매어 있는데도 불구하고 스트레스가 없다면 그는 영혼이 없는 사람이라고 봐야 한다. 문제는 해소법이다.

한때 "회사가 네 인생의 전부라고 생각하고 일하라!"라는 말이 유행했던 시절이 있었지만 이제는 그런 시절은 지났다. 그렇게 생각하는 사람도 없거니와 그랬다가는 폭발하고 만다. 일과 생활의 균형work-life balance이 직장 생활에서 가장 중요하다.

주머니를
철저히 관리하라

• • •

취업한 지 얼마 안 된 너에게 신용 문제에 신경 쓰라고 하면 이상하게 들릴지 모르겠구나. 하지만 난생처음 받게 되는 고정 수입에 기분이 들떠 고가의 명품을 구입하는 젊은이들이 있다.

과거 대부분의 신용불량은 40, 50대 남자 즉, 가장들의 문제였다. 사업 실패, 가족 부양 등의 이유로 돈을 쓰고 갚지 못했기 때문이다.

그런데 근래 들어 20, 30대 신용불량자가 급증하고 있다. 이들의 공통점은 가장이 아닌 싱글, 여성, 그리고 직장인이라고 한다. 20, 30대 신용불량자 세 명 중 두 명이 여성일 정도로 여성의 신용불량 문제는 심각한 사회문제다.

그 이유는 무엇일까. 앞서 말한 대로 고정적인 수입을 믿고 과소비한 것이 문제다. 탐나는 명품 아이템을 구입하고 너도나도 떠나는 해외여행에 신용카드로 결제하면서 신용에 문제가 생기는 것이다. 학창 시절에는 그때그때 생기는 용돈이나 아르바이트 수입 내에서 지출하던 것을 이제는 고정 수입이 생겼다는 이유로 과감하게 미래의 소득까지 당겨 쓰는 잘못을 범하지 말기 바란다.

따라서 사회 초년병 시절부터 일찌감치 경제감각을 갖추어야 한다. 신용도라는 용어를 이해하고 수시로 이를 생각하며 지출하고, 주거래 은행을 정하는 것이 좋다. 지출과 수입의 불균형이 초래되었다고 느끼거나 신용카드 연체가 심심찮게 발생했다면, 은행에서 자신의 신용도를 확인해봐야 한다. 그리고 신용카드는 딱 한 개만 만들어서 사용하되 사용 횟수를 최소화해야 한다. 일상적인 지출은 체크카드를 사용하는 게 좋다. 그래야 불필요한 지출을 막을 수 있다.

재테크 마인드를 가져라

아직은 책임져야 할 식구가 없어 급여를 받으면 오로지 네 자신만을 위해 사용할 것이다. 하지만 언젠가는 결혼해 가정을 꾸려야 한다. 미래를 위해 미리 대비하고 계획을 세운다면 다른 이들이 대출받아 신혼집 살림을 장만할 때 너는 가뿐하게 출발할 수 있다.

부모에게서 재산을 물려받을 상황이 못 된다면 직장인이 자신의 미래를 대비하는 방법은 한 가지밖에 없다. 그것은 덜 쓰고 열심히 모으는 것이다. 이는 말하기는 쉬우나 실천하기는 쉽지 않다. 가장 중요한 것은 장사꾼들의 유혹에 지갑을 열지 말자고 다짐하는 것이다. 일단 꾸준히 실천하다 보면 습관이 되어 큰 불편 없이 생활할 수 있다.

재산을 늘리기 위해 가장 중요한 것은 빨리 종자돈을 만드는 것이다.

재테크를 언제부터 시작하느냐에 따라 종자돈의 액수가 달라질 수 있다. 그 시기가 앞당겨질수록 다른 사람보다 더 안정적으로 자산을 모을 수 있다.

종자돈을 모은 후에는 그 돈을 어떻게 활용하느냐가 중요한데, 주의할 점은 섣불리 투자에 뛰어들어서는 안 된다. 주변에서 가끔 '주식 투자, 선물 투자로 얼마를 벌었네' 하는 사람이 있을 것이다. 종자돈을 잃게 되는 최대의 적은 바로 직접 주식 투자. 요즘은 모바일로 언제든지 매매가 가능하기에 더욱 쉽게 빠져들고 수수료도 거의 무료 수준이다. 언뜻 생각하기에 초단기 투자도 가능해 보인다.

많은 직장인들이 수백, 수천만 원의 돈을 겁도 없이 주식에 투자한다. 한푼 두푼 모은 전 재산을 주식에 쏟아 부으면서도 그 회사에 대해 제대로 아는 것이 없다. 어떻게 그렇게 무모할 수 있는지 선뜻 이해가 가지 않는다.

전직 증권인으로서 한 마디 하자면 증권사 직원들도 알게 모르게 주식 투자를 한다. 투자 자금이 많을 경우 본업인 회사 일에 집중하지 못해 결국 회사를 그만두기도 한다. 문제는 나름 전문가들이라는 그들이 돈을 벌었다는 이야기는 거의 들어보지 못했다.

모든 투자자들이 그렇지는 않겠지만 주식 투자자들은 대부분 단기, 그것도 초단기 투자를 해야 직성이 풀린다. 그렇게 되면 마음이 콩밭에 가있어 업무를 소홀히 할 수밖에 없다.

주식 투자는 일반인이 본업을 영위하면서 수익을 올릴 수 있는 만만한 분야가 아니다. 만약 네가 주식 투자가 체질에 맞다고 생각되면 전업을 해

라. 회사를 그만두지 않을 요량이면 처음부터 하지 않는 것이 좋다.

사회 초년생이 종자돈을 모으고 싶다면 적립식 펀드에 들라고 권하고 싶다. 적립식 펀드는 장기간 매월 일정 금액을 지정한 펀드에 불입해 투자하는 방식이다. 이 역시 원금 손실의 리스크가 있다. 하지만 이런 원금 손실은 주가가 올랐을 때 뒤늦게 펀드에 가입하기 때문에 발생한다.

반면 적립식은 나의 의지와 상관없이 주가가 높으나 낮으나 꾸준히 투자되어 투자 시점을 분산한다는 점에서 직접 투자보다는 리스크가 낮다. 장기적으로 수익 구조가 좋아지는 기업에 투자하며, 한두 종목의 주식이 아니라 수십 종목의 주식에 분산 투자하기 때문에 직접 투자보다 위험성이 낮다. 최근 은행의 정기예금 금리가 연 1퍼센트대(2014년 현재)인 걸 감안하면 적립식 펀드에 드는 것도 생각해볼 만하다.

장기 투자 대상으로 펀드에 관한 정보 교환은 거래처 직원, 회사 팀원들과 일과 시간 외에 하는 것은 무방하다. 대화 주제로서도 좋다. 하지만 주변 동료들과 주식 매매 이야기는 피하는 것이 좋다. 일반적으로 주식 투자는 업무태만자로 보아 인식이 좋지 않기 때문이다.

요즘은 30대 중·후반이 되도록 결혼을 하지 않는 사람들이 많다. 결혼을 하느냐 마느냐는 개인적 선택의 문제이므로 이래라저래라 말하고 싶지는 않다. 그러나 결혼을 하지 않는다고 하여 돈을 마음대로 낭비해서는 안 된다. 자신의 미래를 위해서 수입의 일부를 반드시 저축하는 것이 좋다.

미혼일 경우 아무래도 기혼보다 경제적 여유가 있다 보니 돈을 헤프게

쓰게 된다. 어차피 월급을 아껴 모아도 집을 살 엄두가 안 난다고 고급 취미나 차에 돈을 쓰는 사람도 눈에 띈다. 돈을 쓴다고 간섭할 사람이 없으니 구매 욕구를 참지 못하다 보면 나이 마흔이 되어도 재산을 모으지 못하는 싱글들이 많다.

혼자 살더라도 자신이 살 집을 장만하고 노후를 위해 자금을 비축해두어야 한다. 특히 집은 먼저 마련하는 것이 좋다. 나이가 들어 더 이상 돈을 벌 수 없는 상황에서 월세나 전세를 감당하기는 쉽지 않다. 게다가 거주할 곳이 불안정하면 삶의 질은 떨어지게 된다.

언젠가는 가정을 꾸릴 계획이라면 반드시 집을 마련하라고 권하고 싶다. 가정이란 눈에 보이지 않는 개념 같지만 현실적으로 물리적인 공간을 의미하기 때문이기도 하다. 부디 경제적인 능력이 있을 때 집 장만부터 하기 바란다.

집이 꼭 아파트가 아니어도 된다. 원룸이나 작은 오피스텔도 좋다. 부동산은 더 이상 투자 개념이 아니기 때문에 내가 오래도록 안정적으로 살 수 있기만 하면 된다. 집을 구입할 때는 교통이나 생활 편의 시설을 고려해 되팔기가 용이한 집을 구입하는 것이 좋다.

돈을 버는 것은 의지의 문제지만 돈을 쓰는 것은 본능의 문제다. 늘 의지보다 우선해서 나타나는 이 본능을 잘 다스리고 효과적으로 활용해야 돈이 모이고 풍족하게 살 수 있다.

회식 자리,
냉정과 열정 사이에서

· · ·

　학창 시절, 여럿이 모여 식사나 술을 마시는 경우 참석 여부에 신경을 쓰지 않아도 큰 문제는 없었다. 간혹 다소 강압적인 분위기의 선배나 일부 건전치 못한 일탈 행위를 저지르는 학생들도 있지만, 대체로 자율적인 분위기에서 술자리가 이루어진다.
　하지만 회사에서의 회식은 업무의 연장이다. 즉 참석 여부를 선택할 수 없다는 것이다. 건강이 안 좋거나 집안에 급작스럽게 큰일이 생겼을 때를 제외하고는 참석하는 게 원칙이다.
　직장에 따라 다르지만 회식은 형식적이긴 하지만 일종의 단합을 이끌어내는 자리다. 따라서 업무 외의 활동이라고 해서 회식 자리에 빠져서도 안 되고, 직장 밖이라고 해서 자유롭게 행동해서도 안 된다. 자리를 몰래 빠져나오는 행동도 바람직하지 못하다.
　신입 사원의 입장에서는 엄연히 법정 근로시간 밖에 존재하는 회식에 참석해야 한다는 것이 불만스러울 수 있다. 하지만 안타깝게도 우리나라 직장문화에서 아직은 회식이 중시된다. 회식이 잡히면 그날 저녁의 개인적인 용무는 희생할 수밖에 없다. 그나마 희망적인 것은 회식 자리에서는 사무실에서 느끼지 못한 끈끈한 동료애를 느낄 수 있다는 것이다. 그냥 편안하게 즐겨라.

분위기를 맞추는 유연함

신입 사원들은 회식 자리에서 어떻게 행동해야 할까. 상사 중에는 사무실 밖에서 행하는 신입 사원의 리얼한 됨됨이를 체크하는 버릇이 있다. 그렇다고 너무 긴장할 필요는 없지만 사무실에서 지켜야 할 품위는 잃지 말아야 한다.

언젠가 회식문화가 마음에 들지 않아 회사를 그만뒀다는 신입 사원을 만난 적이 있다. 술을 마시지 못하는 그에게는 술을 억지로 권하는 것도 부담되었겠지만 신입 사원들에게 노래뿐 아니라 유머, 개인기를 강요하는 분위기가 더욱 싫었다고 한다. 그는 "나이든 어른들끼리 왜 이런 유치한 놀이를 하는지 모르겠어요"라며 과거의 상사들을 경멸했다.

그의 말처럼 아랫사람들을 힘들게 하는 회식은 분명 지양되어야 한다. 일부 유난스러운 간부들이 여흥을 위해 신입 사원들에게 도가 넘어서는 선정적인 요구를 할 때는 당차게 거절해도 상관없다. 그런 분위기라면 눈치껏 그 자리를 빠져나오는 게 낫다. 단 직속상사에게 먼저 너의 의사를 전달한 뒤 혼자 나가기보다는 동조자를 구해 함께 행동하는 것도 요령이다.

그러나 상식에 어긋나는 것이 아니라면, 회식 자리에서 분위기를 맞추고 띄울 줄 아는 현명함도 필요하다. 분위기를 살리는 것은 팀을 위해서이기도 하다. 신기하게도 조직은 성숙함보다 분위기를 먹고 자란다. 대다수가 즐거워하는 분위기라면 어느 정도는 맞춰줄 수 있는 유연함을 가져야 한다.

앞서 말했듯 회식은 업무의 연장이고, 우리 팀을 위해 분위기를 살리는 역할은 신입 사원이 해줘도 괜찮다. 신입 사원의 풋풋함과 패기, 열정을 보여줄 수 있는 곳이 회식 자리이기도 하니 말이다. 새로 뽑은 신입 사원이 긴장해서인지 별 말도 없고, 노래방에 가서도 뒤에 처져서 소극적이라면 팀 분위기를 누가 살리겠는가. 흥겨운 노래를 먼저 불러 분위기를 살리고, 필요하다면 춤을 추어도 좋다. 기분이 좋은데 무언들 못하겠는가. 고참들에 비해 나이가 어리기에 미숙해도 용서가 되고 신선하게 보일 수 있다.

설사 팀 동료들이 마음에 들지 않는다 하더라도 겉으로는 누구보다 열정적인 모습을 보여주어라. 회식 자리에서 점수를 많이 따기도 하고, 잃을 수도 있다. 피하기보다 즐기는 마음으로 임한다면 서서히 적응될 것이고, 나중에 가서는 진정으로 즐길 수 있다.

회식 자리에서는 평소 깊은 대화를 나눌 수 없었던 팀원들과 허심탄회하게 이야기할 수 있고, 고참이나 팀장과도 색다른 분위기에서 대화를 하다 보면 그들의 새로운 면을 볼 수 있다. 이는 그들이 너를 달리 인식하는 계기도 된다.

회식 자리에서의 냉정과 열정! 어려운 주문 같지만 몇 번만 하다 보면 이미 익숙한 자신을 발견할 것이다. 그리고 건조해 보이기만 했던 직장 생활의 정情도 찾을 수 있다.

술버릇은 감추는 게 좋다

개중에는 술을 마시면 자신도 모르게 술버릇이 나오는 사람이 있다. 드물겠지만 만약 술버릇이 심각하다면 아예 처음부터 술을 못 마시는 사람으로 인식시키는 것이 현명하다.

친구들과의 술자리에서는 주사를 보여도 (그것이 아주 심각한 수준이 아니라면) 큰 문제가 없다. 그러나 직장에서는 약간의 주사만 보여도 큰 실수를 했다고 보면 된다. 회사라는 공동체는 구성원의 일탈 행동에 까다롭다. 오래 기억하고 나쁜 꼬리표를 붙인다. 주사로 실수를 저지르는 사람은 절제력이 없다고 간주될 뿐 아니라 직접 목격한 사람의 경우 나쁜 이미지 때문에 두고두고 관계 형성에 문제가 될 수 있다. 매일 열 시간 이상 얼굴을 맞대고 지내는 동료들에게 술에 취해서 한 소리라도 상처를 준다면 좋을 게 하나도 없다.

과거에는 직장에서 음주를 강요하는 분위기가 강했지만 최근에는 술을 못하는 사람들을 이해하는 분위기가 확산되고 있다. 그래서 술을 마시지 않는 사람들도 그런대로 잘 버틸 수 있다. 술을 못해도 분위기만 잘 맞춰준다면 괜찮다.

평소 주사가 없다고 해도 술에는 장사가 없다. 스트레스가 많고 피곤한 상태에서는 과음하지 않도록 주의해라. 컨디션이 안 좋은 상태에서 과음하면 굉장히 위험하다. 술을 집중적으로 마셔야 하는 위치에 앉았을 경우 자리를 옮기든지 화장실로 가거나 전화를 받는 척하며 피하는 게 좋다.

전에 근무했던 한 직장에서는 폭탄주 문화가 강하게 자리 잡고 있었다. 팀원이 모이면 폭탄주를 우선 서너 잔씩 마시고 회식을 시작했다. 아무리 술이 센 사람도 빈속에 폭탄주 서너 잔을 연거푸 마시면 견디기 힘들다.

나는 경력 직원으로 입사해서 그런 걸 모르고 무방비 상태로 주는 술을 받아 마시다가 나중에는 거의 정신을 잃을 뻔했다. 고참들이 폭탄주를 계속 제조하는데 피할 방법이 없었다.

그렇게 한 번 당한 이후부터는 전략적으로 마시기로 했다. 우선 회식이 있다고 하면 회식 장소로 가기 전에 편의점에서 죽이나 요구르트 같은 것으로 요기를 했다. 일단 속을 채우는 것이다. 억지로 술을 권하는 자리에서는 이 전략이 필요하다.

이후부터 나는 회식 자리에 가서 술을 피하기보다 적극적으로 제조하고 건배하면서 분위기를 주도했다. 동료들 사이를 왔다 갔다 하며 말을 걸고 흥을 돋우자 술을 마시지 않아도 회식을 무사히 끝낼 수 있었다.

이처럼 회식 자리에서는 분위기를 잘 맞추는 요령과 적절히 음주를 조절하는 기술이 필요하다. 회식 문화 '피할 수 없으면 즐기라'고 말해주고 싶다.

직장 생활의 위기,
어떻게 극복할 것인가

● ● ●

사람이 하는 일이란 그것이 무엇이든 위기가 따른다. 직장 생활 역시 마찬가지다. 스트레스를 받은 끝에 사표를 썼다가 찢어버리기도 하고, 굴뚝같이 모시고 따르던 상사가 갑자기 회사를 떠나는 바람에 우울증에 빠지기도 한다. 또한 철석같이 믿었던 진급 대상에서 누락되거나 회사에서 권고사직 당하는 팀장을 보며 참담함을 느끼기도 한다. 그 밖에도 수많은 크고 작은 위기가 찾아온다.

일이 없어 시간 보내기가 힘겨울 때, 해도 해도 일의 성과가 나지 않을 때, 팀원들 혹은 상사와 갈등이 생길 때도 위기가 오며, 입사 2년 차일 때도 사춘기처럼 위기가 찾아온다. 심지어 추진하던 프로젝트가 대성공한 그날 저녁 오히려 우울증에 빠진 동료와 상사들을 본 적도 있다.

특히 신입 사원은 대리를 통해 자신의 3년 후 미래를 봤을 때, 팀장을 통해 자신의 10년 후 미래를 봤을 때 큰 좌절감을 맛볼 수도 있다.

1980년대 모든 걸 다 떨쳐버리고 이민을 떠난 선배가 이런 말을 했다.
"여기서는 도저히 헤어날 수 없을 것 같아서 내 인생을 찾으러 떠난다."

위기가 찾아오면 사람들은 매사에 무기력해지거나 자주 짜증을 내고, 회사 일에 부정적이거나 상사에게 안하무인으로 대하게 된다. 내가 주도적으로 어떤 일을 행하는 것도 귀찮다. 직장인으로서 맞이하는 일종의 사춘기이자 갱년기다.

직장 생활의 위기는 시시때때로 찾아온다. 다행인 것은 이러한 위기들 중 상당수가 지극히 개인적이고 심리적 위기일 뿐 '실제 위기'는 아니라는 점이다.

더 바쁘게 움직여라

나의 경우 위기를 느끼면 이를 타개하기 위해 의식적으로 더욱 바쁘게 움직이려고 노력한다. 사업상 거래 관계에 있는 사람들과 미팅 스케줄을 빽빽하게 잡고, 일을 억지로라도 만들어 뛰어다닌다. 이렇게 바쁘게 움직이다 보면 무슨 일로 위기를 느꼈는지 잊어버린다. 네게 추천하는 위기 극복 방법은 바로 이거다. 오늘 당장 해야 할 일에 집중해봐라.

또한 대수롭지 않은 일을 너무 확대 해석하게 되면 오히려 생각이 많아지고 무기력해질 수 있다. 그럴 때는 일상 업무에 무조건 전념해보는 거다. 일상 업무에 깊이 몰입하는 것도 스트레스에서 탈출하는 방법이다.

만약 업무가 지루하게 느껴지거나 일이 너와 잘 맞지 않아 위기가 찾아왔다면 다른 부서 일을 해보고 싶다고 요청해보는 것도 좋다. 부서 이동도 여의치 않고, 스트레스가 가중된다면 경력을 고려해 마지막 방법으로 이직을 고려해도 좋다.

그러나 기억해야 할 것은 완벽한 직장이란 없다는 것이다. 완벽한 일도 없다. 처음에는 재미있었던 일도 몇 년 지나면 만사가 권태롭고 회의감에 빠질 수 있다. 고용이 안정적인 직장이라면 오히려 답답함이 더할 수도 있다.

중요한 것은 나의 심리적인 위기를 직장 생활의 일부로 받아들이고 벗어나려 노력해야 한다. 일을 해도 성과가 나지 않는다면 그걸 위기라고 생각하지 마라. 진행하는 일마다 성과가 좋을 경우에도 일에 흥미를 잃어 열정이 시들해질 수 있음을 알아야 한다. 인생사가 쉽지만은 않다. 직장이라는 곳은 이상향이 아니다. 너는 그저 주어진 일을 꾸준히 하면 된다.

만약 다니던 직장을 그만두고 새로운 직장을 구한다면 지금의 위기에서 벗어날 수 있을까. 장담컨대 그럴 수도 있지만, 그곳 역시 2, 3년만 지나면 똑같은 위기가 닥칠 수 있다. 이직만이 답이라면 그것을 결행해야 하지만, 그것이 아니라면 곰곰이 잘 생각해보아라. 직장인으로서 그런 위기는 감기 같은 것이다. 위기 없이 생활하는 직장인은 단 한 명도 없다.

언제나
가족이 최우선

●●●

　내가 외국계 금융회사에 근무하던 시절, 본사 회장이 한국을 방문해 같이 만날 기회가 있었다. 거물급 인사임에도 그는 아주 편안하게 느껴졌다. 마치 친한 선배를 만난 것처럼 친화력이 좋았다.
　이런저런 대화를 하던 중 문득 그에게 지금까지 직장 생활을 하면서 가장 중요하게 생각하는 것이 무엇인지 물었다. 이에 회장은 마치 준비하고 있었다는 듯 자신의 생각을 들려주었다.
　자신의 인생에서 가장 중요한 사람은 가족이고 두 번째가 직원들의 가족이라고 말했다. 우리가 직장 생활을 하는 것은 가족과 함께하는 삶을 영위하기 위해서다. 그는 가장의 역할을 다음과 같이 설명했다.
　선사시대부터 가장은 먹을 것을 찾기 위해 동굴을 나섰다. 동굴을 나서는 순간 위험에 처할 수밖에 없지만 가장이기에 위험을 무릅써야만 했다. 가족을 먹여 살려야 하니까.

현대를 살아가는 우리에게도 이러한 삶의 기본 철학은 변함이 없다. 우리가 오늘 아침 집을 나선 첫 번째 이유는 가족을 위함이다. 즉, 모든 회사 일이 나의 가족이나 모든 직원들의 가족을 위한다는 관점에서 이루어져야 한다. 아무리 회사에 중요한 일이 있다 해도 결혼기념일을 먼저 챙겨야 하고, 고객과의 중요한 미팅이 있다 해도 아이의 졸업식을 중히 여겨야 한다. 그렇게 되어야 순서가 맞다.

가족이 우선인 사람에게는 가정사에 신경을 많이 쓰므로 가정에 문제가 발생할 확률이 줄어든다. 가정에 아무 문제가 없다면 회사에 자신의 역량을 마음껏 쏟아 부을 수 있다. 언뜻 '닭이 먼저냐 달걀이 먼저냐'의 문제 같지만 분명한 건 가정이 안정되면 나머지는 자연스럽게 풀린다.

그의 논리는 우리네 기업문화와는 약간 거리감이 있어 보였지만 곰곰이 생각해보면 일리가 있다. 우리는 가족을 위해 일하지만 실상 일에 치여 가족과의 관계를 등한시하는 수가 있다. 그렇게 한 20년 살고 나면 부부관계가 소원해지고 자녀들과의 추억 하나 없는 쓸쓸한 가장으로 남게 된다.

가정이 화목하면 마음의 여유가 생긴다. 가정에서 스트레스를 받으면 바깥일이 잘 될 리가 없다. 늘 스트레스를 받으니 일이나 인간관계에 큰 지장이 있을 수밖에 없다. 마음이 편안하면 기분 좋게 넘길 수 있는 일도 스트레스를 받으면 화가 날 수밖에 없다.

아직 결혼하지 않은 너에게 이런 이야기를 하는 것은 결혼해 가정을 꾸리기 전에 꼭 알아야 하는 사실이기 때문이다. 미혼 때는 부모님에게 잘해드리고 형제간에 우애를 돈독히 하는 일에 시간과 마음을 써라. 가정을 꾸린 후에는 사회적 성공에만 매진하지 말고 배우자와 아이들을 위해서도 충분한 시간을 할애하도록 해라.

성공하고 싶다면 내 가정을 편안하고 행복하게 만드는 것이 기본 중의 기본이다. 우리 인간의 베이스캠프는 가정이다. 성공하고 싶은가? 하늘의 별처럼 빛나는 사람이 되고 싶다면 먼저 내 곁의 가족부터 살펴보라. 수신제가修身齊家 치국평천하治國平天下는 현대에도 생생하게 살아 흐르는 진리다.

에필로그

강단에서 경영학을 강의하며 매번 느끼는 것은 경영학 이론이 현실과 맞아 떨어질 때도 있지만 실제 경영 환경이 책에서 기술한 이론과 다르게 펼쳐지는 경우도 많다는 것이다. '책에서 길을 찾는다'고들 하지만 특히 기업같이 시시때때 변화하는 환경에서는 맞지 않는 경우가 허다하다.

그래서 이 책의 원고를 집필할 때 실제 직장 생활에 도움이 될 수 있도록 많은 노력을 기울였다.

이 책에는 내가 활동했던 지난날의 경험을 실었다. 기술이나 시장 환경이 아무리 빠른 속도로 변한다 해도 인간관계나 조직 환경은 변함이 없다. 따라서 이 책의 내용은 현대의 젊은이들이 처한 실생활에 유익한 길잡이 역할을 할 것으로 믿는다.

이 책을 쓰면서 직장이란 곳에 첫발을 내디딘 초보 직장인이나 예비 직장인들에게 너무 많은 직장 생활의 이면을 알려주는 게 아닌가 하는 노파심도 있다. 하지만 일이란 게 알고 준비하면 그만큼 더 잘할 수 있게 되지 않을까 한다.

그리고 후반부로 갈수록 신입 사원들이 알아두기에는 조금 앞서가는 내용 혹은 약간 무거운 주제들도 있다. 그러나 그런 내용 역시 신입 사원 때의 처세를 이해하는 데 중요한 퍼즐 조각이라는 사실을 알아두었으면 한다. 그것을 명심한다면 완성된 퍼즐 그림처럼 전후, 좌우가 맞는 탄탄한 직장 생활의 나침반이 될 것으로 확신한다.

학교와 직장이라는 곳은 완전히 다른 공간이다. 새로운 생활에 발을 내디딘 네가 주변 동료들에게 생동감을 주고, 실력을 인정받기를 진심으로 바란다.

그리하여 훗날 균형 감각을 지닌 최고의 리더 자리에 오른다면 나로서는 더 이상 바랄 게 없을 것이다.

어쨌거나, 직장

초판 1쇄 인쇄 | 2015년 2월 23일
초판 1쇄 발행 | 2015년 2월 26일

지은이 | 송동근
펴낸이 | 강민자
펴낸곳 | 다상출판
출판기획전문 | (주) 엔터스코리아

등 록 | 2006년 2월 7일
주 소 | 서울시 성북구 북악산로 3길 38-7
전 화 | 02) 365-1507
팩 스 | 0303) 0942-1507
E-메일 | dasangbooks@hanmail.net
ISBN 978-89-967890-8-6 (13320)

※ 이 책의 판권은 지은이와 다상출판사에 있습니다.
※ 이 책 내용의 전부 또는 일부를 재사용하려면 반드시 양측의 서면 동의를 받아야 합니다.

※ 다상출판사에서는 독자 여러분의 투고를 기다리고 있습니다. 원고가 있으신 분은
   dasangbooks@hanmail.net으로 간단한 개요와 취지, 연락처 등을 보내주세요.